AF269110

Laozi

Dedaojing

Shanjian Dashi

www.mahabodhisunyata.org

Primera edición: Febrero 2019

ISBN-13: 978-1794369405

老子德經

EL LIBRO DEL *DÉ* DE LAOZI

La mayoría de las religiones del mundo solo sirven para reforzar el apego a falsos conceptos como yo y otros, vida y muerte, cielo y tierra... Quienes se enredan en estas falsas ideas se quedan sin percibir la unidad integral. La virtud suprema que se puede ejercer es aceptar la responsabilidad de descubrir y transmitir toda la verdad.

Algunos ayudan a los demás para recibir recompensas y admiración. Eso sencillamente no tiene ningún sentido. Algunos se cultivan a sí mismos, en parte para servir a los demás y en parte para servir a su propio orgullo. En el mejor de los casos, llegarán a entender la mitad de la verdad. Pero a los que se mejoran a sí mismos en beneficio del mundo, a ésos se les revelará toda la verdad del universo.

Así pues, busca esta verdad total, practícala en tu vida cotidiana y compártela humildemente con los demás. Así entrarás en el reino de lo divino.

Laozi, ***Huahujing***

A continuación presentamos traducciones originales de la versión nº 2 del *Daodejing* de Wang Bi con reflexiones sobre la edición de Wing-tsit Chan y Arianne Rump (*Monograph nº 6 of the Society for Asian Philosophy*, University of Hawaii Press, 1978).

Conviene recordar que Wang Bi era un erudito confuciano que quería fomentar una comprensión del daoísmo consistente con las enseñanzas de Confucio, pero sin incurrir en los errores que percibía en los grupos daoístas populares por aquel entonces, surgidos tras la supresión de los turbantes amarillos y otros movimientos religiosos del Dao en el año 184 d.C.

También le hemos prestado cuidadosa atención a los textos de Mawangdui (168 a.C.), que a nuestro juicio reflejan más fielmente el Dao en su vertiente práctica, como experiencia más allá de las palabras.

De Jing 1 (*Daodejing* 38)

論德 *Lùn dé*

Discurso sobre la virtud

Antes de dirigirse al maestro en busca de enseñanzas y guía en el camino del Dao, uno debe haber recorrido el camino del De, la virtud, y haberse convertido en una persona del Dao, el camino, al integrar la expresión natural de la Fuerza de la Vida con el interfaz de la cognición humana, lo cual permite una interacción sofisticada y eficaz con las ilusiones del mundo externo aparentemente real. Se le puede llamar el camino de la virtud, pero no se trata de la virtud cognitiva de la sociedad o las religiones, sino de una virtud más profunda que presenta la Fuerza de la Vida.

La virtud superior no es virtud pero sigue habiendo virtud; la virtud inferior no pierde la virtud pero sigue sin virtud.

La virtud superior no actúa y es sin pensamiento; la virtud inferior actúa y tiene pensamiento.

La humanidad superior actúa y es sin pensamiento; la rectitud superior actúa y tiene pensamiento.

La corrección superior actúa y (si) no hay nadie que responda, entonces alza los brazos pero no los rechaza.

En el instante en que se pierde el camino (el Dao) surge la virtud; la virtud se pierde y después surge la humanidad; la humanidad se pierde y así surge la rectitud; la rectitud se pierde y surge la corrección.

El guardián de la corrección (en el *samsara* manchado) es leal, lo que pone de manifiesto su tenuidad y el inicio del desorden.

Los antiguos conocedores del Dao, cuando florecía (el Dao), empezaron la estupidez.

Al ser por tanto el gran hombre de carácter está en posición de permanecer en lo denso, (en contraste con) su no permanecer en lo tenue; estando en posición real, no permaneciendo en el florecer (como los antiguos).

(Morar en lo verdadero) hace que deje aquello (lo tenue) y tome esto (lo denso).

Glosa de *Discurso sobre la virtud*

La virtud superior no es virtud, porque eso no es más que una palabra, pero obviamente la virtud natural sigue estando presente. Por otra parte, quien tenga una virtud inferior no pierde su virtud natural inherente pero sigue sin aplicar esa virtud en el *samsara*.

La virtud natural no actúa y carece de motivación, mientras que la virtud inferior actúa y se puede ver que tiene motivación. Observamos también que la humanidad superior actúa y no tiene motivación, mientras que la corrección superior actúa y tiene motivación. Podemos decir que la humanidad superior es una expresión de la virtud superior y que la virtud inferior, al ser cognitiva, tiene una rectitud superior aparente como expresión.

La corrección superior, que es una conducta apropiada gobernada por la sociedad, actúa y si nadie responde a ella según las convenciones sociales, no se descarta, al menos en superficie, pero sí hay una pérdida gradual y severa del Dao y de su expresión.

En el momento en que se pierde el Dao, surge la virtud

mundana. Cuando se pierde esa virtud mundana, aunque basada cognitivamente en el Dao, surge la humanidad y luego, cuando se pierde esa humanidad, surge la rectitud mundana. Por último, en esa trayectoria de pérdida progresiva de calidad de los atributos, cuando se pierde esa rectitud surge la corrección.

Robert Moss, en su comentario al *Daodejing*, sugiere que esta estrofa describe la degeneración social como si fuera una involución de los valores, que descienden paso a paso desde el beneficio no recíproco y desinteresado a los demás (líneas 1 y 2) al favor hecho a cambio de otro favor, como puro cálculo de obtener algo a cambio, hasta llegar al verdadero objeto de su crítica: 礼, *lǐ*, el ritual, que para Laozi supone la externalización y por tanto la falsificación completa de las relaciones humanas.

Aunque nosotros también mencionamos esta degeneración en nuestro comentario, debe quedar claro que la obra de Laozi no es tan inane que hasta un escolar podría descubrir su intención. Sostener que ese es su único mensaje es denigrar el esfuerzo de alguien que desea enseñar a un nivel más profundo que todo eso.

Es cierto que el ritual, tan preciado para los confucianos, implica un intercambio a través de la obligación mutua: una parte actúa y lo hace ostensiblemente (como adornándose) en la expectativa de obtener un favor recíproco –en realidad, con vistas a imponer ese favor.

Aunque esta coerción está implícita en el ritual, el *Libro de los ritos* contiene en su primer capítulo lo que parece ser una rotunda refutación de las ideas de esta estrofa: "El Dao, la virtud, la benevolencia, la rectitud –todos dependen del ritual para su consecución"; pero esa no es refutación alguna. ¿Por qué? Porque la versión mundana del Dao que al menos mantiene las normas sociales allí donde no se entiende la virtud más profunda impide que haya una anarquía total o un gobierno por la fuerza. En su lugar, lo que hace el ritual es actuar como un opio consentido para mantener la obediencia social. Si consideramos la dificultad de alcanzar la unión de los principios masculino y femenino, ciertamente el ritual resulta aceptable. Debemos tener presente que las ideas de Confucio y Laozi eran muy distintas; Laozi se refería a la situación ideal en la que todos los seres humanos podrían alcanzar el estado de gracia del De.

A diferencia de 礼, *lǐ*, la virtud representada por 德, *dé*, es una cualidad interior. Las *Analectas* 9.17, contrastan 德, *dé*, con 色, *sè* (apariencia, atractivo, aspecto): "Aún no he encontrado a alguien que estime la calidad interna tanto como el despliegue exterior". Confucio también mostraba así su reserva ante la tendencia del ritual hacia el mero despliegue, pero no fue más allá de recomendar más frugalidad y sencillez en los rituales –extremo en el que le secundó Mozi. Laozi, por contra, se opone al ritual en su conjunto y nunca habla de la posibilidad de reformarlo.

Pero, ¿por qué se molestó Laozi en describir lo obvio, la progresión desde el momento en que se pierde el Dao hasta que aparece la corrección? Primero tenemos que entender que los antiguos cometieron el error básico al no comprender el principio de la Madre; para entenderlo, debemos evaluar las diferencias psicológicas entre las mentes que generan cada una de las cuatro etapas del proceso.

La virtud que aparece cuando se pierde el Dao surge de una sólida comprensión intelectual y nada más. La humanidad surge del escalón superior de los codiciosos, que ven el peligro para su modo de vida si no se practica la humanidad. La rectitud surge cuando tiene que haber comunicación con los codiciosos menos favorecidos, y la corrección, cuando se ha visto que todo tipo de comunicación fracasa.

Lo que presenciamos, por tanto, es el deterioro del Dao cuando las clases inferiores empiezan a hacerse ricas; en otras palabras, a medida que las masas ganan poder adquisitivo, los poderes fácticos tienen que diluir el Dao para ajustarlo a las condiciones prevalecientes.

Todo arranca de ese primer fracaso intelectual. El capítulo "Lie Yukou" del *Zhuangzi* desarrolla correctamente el tema al declarar, según la traducción de Moss, que "no hay crimen mayor que la virtud que es consciente de sí misma" (贼莫大譸德有心, *zéi mò dà hù dé yǒu xīn*). Aunque es una frase apropiada, su impacto es mucho mayor cuando se traduce bien, de manera más directa, como "el mayor ladrón grita virtud compasiva", lo cual refleja una comprensión más profunda del problema que supone la virtud mental carente de raíces profundas. También muestra el gran peligro inherente en las traducciones que se convierten en elegantes declaraciones intelectuales, al estilo occidental. En realidad, tales traducciones son ellas mismas ladrones que proclaman a voces la virtud compasiva.

Vemos por tanto que esta falsa creencia en la virtud intelectual solo puede ocurrir cuando el principio masculino ya no está disponible y la mente asume el control absoluto. Este capítulo es por consiguiente no tanto una descripción de la pérdida de calidad del Dao como una evaluación de lo que llevó a ese declive, que empezó la primera vez que los antiguos captaron el Dao con la mente.

Como se ve, las cosas tampoco han cambiado hoy en día. El guardián de la corrección mundana, cognitiva y social sigue siéndole leal, pero lo tenue de su calidad salta a la vista en su consecuencia inmediata, que es el desorden del comportamiento en el seno de la sociedad.

Los antiguos conocedores del Dao prosperaron con un sectarismo insensato y dieron pie a la estupidez cognitiva. Pero el hombre de carácter verdadero mora en la densidad de calidad que presenta el Dao; su lugar está con la verdad del Dao y no con la retórica florida pero vacía de los antiguos, que no entendían al

Dao más que con su mente cognitiva. Él o ella abandona todo lo que carece de calidad natural en lo que toca a la virtud y lleva consigo solo la cualidad nutritiva de la virtud natural.

De Jing 2 (*Daodejing* 39)

法本 *Fá běn*

El fundamento del camino (Dao)
que también es la base de la enseñanza del Dharma Chan

Es muy fácil, ahora que comenzamos con el libro del De, es decir, la virtud, confundirse con los matices sutiles de las palabras. Es probable que los mayores errores de traducciones y comentarios se deban a la definición de 道, *dào*, con sus múltiples sentidos de "dirección; método; sendero; principio; razón; carretera; destreza; Dao; decir; hablar; verdad; camino". Siguiendo la pauta del Dharma, casi siempre usamos las traducciones de Dao mismo, lo infinito, el Dao como principio (femenino), el Dao como camino (masculino) y el Dao como destreza en la expresión de ese camino, que por lo general se dice o se lleva a la práctica.

Aunque la virtud, el De, brota de los programas pasivos del ser humano, se transforma y convierte en el camino, de modo que el camino es sinónimo de la virtud; pero ese camino, cuando se convierte en expresión, también se denomina virtud. Debemos tomar por tanto al camino como el transformador de los programas pasivos de la virtud del principio interno en la expresión final de la virtud en el *samsara* no manchado. En el Dharma a ese camino se le llama "celo" (熱心, *rè xīn*, en chino), que es una disposición pronta o una iniciativa de transformar la intención natural en acción. Así, el principio masculino, el camino, en tanto que virtud, De, se convierte en el interfaz imperativo entre el principio interno de la virtud, 理, *lǐ*, la Fuerza de la Vida que posee el principio femenino, y su expresión en el mundo.

En este capítulo encontramos otra complicación de esa naturaleza. El carácter 天, *tiān*, significa "Cielo"; pero cuando la Tierra se contrasta con el Cielo, la pareja se refiere al *samsara* natural sin mancha que es ilusorio por una parte y a todo lo que está más allá de ese *samsara* por otra. Ahora bien, cuando el Cielo se presenta como un elemento de esa unidad, entonces se refiere el principio masculino 乾, *qián*, que es el camino 道, *dào*, que naturalmente va acompañado como pareja por el principio femenino 坤, *kūn*.

El principio femenino es por tanto el principio básico, consistente en los programas pasivos del organismo vivo, y el principio masculino es la expresión del principio activo como Dao, el camino noble. Ese camino se expresa como De, la virtud, el asunto obligado del primer capítulo. Este camino noble no debe confundirse con el camino cuando se representa con el carácter 法, *fǎ*, que en realidad es el método o el cimiento del camino.

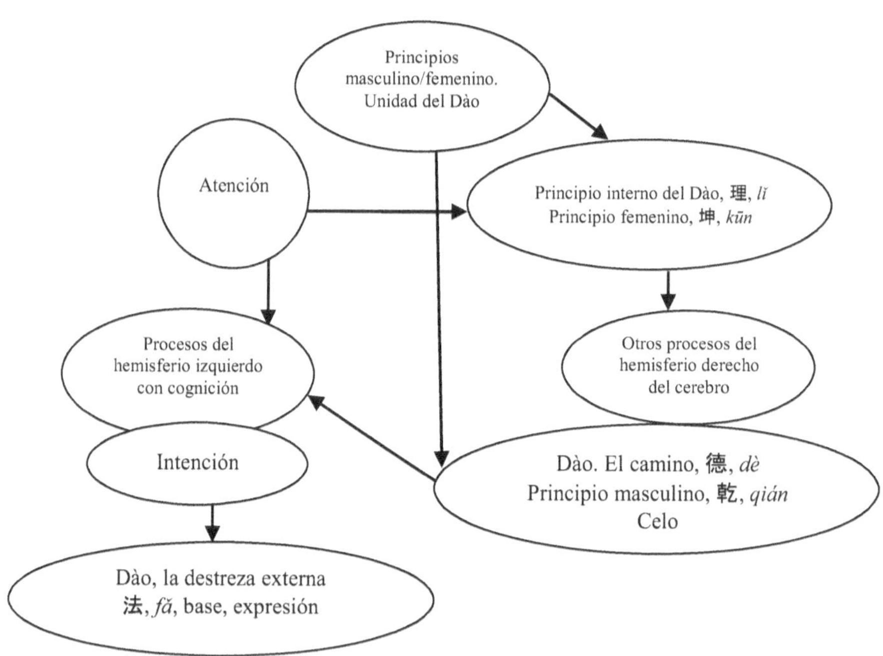

Para complicar aún más el panorama para los incautos, el principio femenino también se representa mediante el concepto de la receptividad, el valle, 谷, *gǔ*, y el masculino mediante el agua corriente o el arroyo, 水, *shuǐ*, que llena ese valle.

El pasado tuvo que ser uno: el Cielo obtuvo la unidad con claridad, la Tierra obtuvo la unidad con serenidad, la esencia divina obtuvo la unidad con eficacia, el valle obtuvo la unidad con plenitud; [las diez mil cosas obtuvieron la unidad con el devenir].

Los nobles obtuvieron la unidad sirviendo al mundo con lo recto, y también la comunicaron (al pueblo).

Se dice que el Cielo sin claridad temerá resquebrajarse; se teme que la Tierra sin serenidad quedará lisiada; se teme que la esencia divina sin eficacia se apague; se teme que el valle sin plenitud se agotará; se teme que las diez mil cosas sin nacimiento se extinguirán; se teme que los barones y reyes sin castidad serán pisoteados.

En consecuencia, es un ejemplo de nobleza con la humildad como cimiento.

Lo alto tiene a lo bajo sirviendo como cimiento.

Por tanto los barones y reyes se consideran solos, viudos sin cosechas.

¿Acaso no es esto lo bajo que sirve de cimiento inicuo? ¿No es así?

La razón provoca el recuento de carros sin que se tengan carros.

No "*lu lu*" como si (fuese) jade, "*luo luo*" como si (fuese) piedra.

Glosa de *El fundamento del camino*

Si visualizamos el pasado conceptualmente para entender el origen de la existencia aparente, podemos intuir e incluso deducir que el pasado tuvo que ser uno. De esa unidad se produjo una evolución gradual, a través de la Fuerza de la Vida, hasta el punto en que el ser humano fue capaz de percibirse a sí mismo como ilusión, aunque integrado en esa unidad dentro del *samsara* aparente en el que vivía.

Sin embargo, esa unidad es frágil y depende de la comprensión de la unidad, el Dao, y las ilusiones que se han ido generando como consecuencia de los principios masculino y femenino. Cuando el Dao se quiebra y su unidad se fragmenta conceptualmente, se sigue que todo lo que ha evolucionado desde el Dao queda destruido de igual manera.

La persona normal, que ahora existe dentro de un *samsara* manchado, no puede ver la nobleza en sí misma como nobleza sin entender que su base es la humildad. Todo lo que se formula conceptualmente por error como "alto" debe mantener su equilibrio conceptual para que no se separe de lo bajo. Quizá no sea muy fácil de entender sin una mayor comprensión de la dualidad, pero es así.

Laozi ofrece el ejemplo de los barones y reyes que actúan correctamente y no se ven a sí mismos como grandes, sino solo como iguales al más humilde, que está solo, viudo y sin comida. El error que cometen esas personas, y de hecho todas las personas, es considerar que están aparte de la unidad de todas las cosas, lo que equivale a contar carros cuando en realidad uno carece de ellos o a deleitarse en la posesión de preciosos collares de jade cuando en realidad no tiene más que pedruscos.

De Jing 3 (*Daodejing* 40)

去用 *Qù yòng*

Eliminar el uso

El camino de la persona opuesta es el movimiento; el camino de la persona débil es usar.

Las diez mil cosas de la Tierra nacen de la existencia; la existencia nace de no tener (existencia).

Glosa de *Eliminar el uso*

Es la identidad humana la que relega el camino natural del Dao y por tanto emplea todas las ilusiones existentes para su uso personal. Eso es algo que genera la antítesis de la virtud, que en el mejor de los casos se puede transformar a manos del estado, la sociedad, el sistema educativo y religioso en reglas, normas y mandamientos –algo bien ejemplificado en el sistema confuciano.

Laozi siempre se opuso a esta presentación antinatural del De, porque ese es el modo de acercarse al Dao con virtud falsa y adulterada de la persona débil y de mente manchada. Como contraste, la persona que se opone al *samsara* manchado con visión clara se dirige a lo opuesto, lo no-manchado.

Es normal preguntarse cómo puede uno alcanzar esta visión más sabia de las cosas. Es al darse cuenta de que todos los fenómenos son cuestiones de la mente, nacidos de nuestra convicción de que las cosas existen en realidad. Tenemos que tomar conciencia de que la existencia tiene su raíz en la no-existencia.

De Jing 4 (*Daodejing* 41)

同異 *Tóng yì*

Lo igual es diferente

Los eruditos superiores oyen el camino y diligentemente lo practican también; los eruditos inferiores oyen el camino y parecen sobrevivir y perecer; los eruditos ínfimos oyen el camino y se ríen de él a carcajadas.

No reírse no es suficiente para el pensamiento intelectual del camino.

Hay (un caso de) un dicho aceptado:

El camino brillante parece oscuro; los avances del camino parecen como si retrocedieran; el camino bárbaro parece como si fuera defectuoso.

La virtud superior parece un valle; la pureza superior parece una deshonra; diseminar la virtud parece insuficiente; la virtud establecida parece robada.

La sustancia genuina parece ser impermanente.

El gran cuadrado no tiene esquinas.

La gran herramienta es el devenir lento.

El mayor sonido es el tono infrecuente.

La forma más grande no tiene contornos.

El camino está escondido sin nombre.

Solo el camino guardián es bueno cuando es prestado, además de logrado.

Glosa de *Lo igual es diferente*

Hay una gran diferencia entre las personas y su manera de tratar con nuevas ideas y conceptos, y esta diferencia se debe en gran medida a sus bases genéticas y a las experiencias convertidas en condicionamiento mediante la vida familiar, la educación escolar, la religión y la sociedad en la que viven. Por eso, el mensaje del Dao y De se recibe de formas diversas y los más insensatos, que son mayoría, se mofan de él.

Las cosas rara vez son precisamente lo que parecen ser a la mente humana manchada. Esto es particularmente importante cuando las gentes ven la pureza y la virtud, que asocian con un fervor religioso carente de cualquier valor. En este extremo están claramente equivocados, porque la virtud genuina es un fenómeno natural y la versión del estado y las confesiones religiosas solo se dirige como medio hábil de control social.

Es importante estar consciente de la impermanencia de las cosas y no orientarse al apego a lo que parece permanente. Se debe usar lo disponible de un modo que es sutil y le está oculto a la mayoría de las personas; pero, al mismo tiempo, cualquier avance exige paciencia sin fijarse en las ilusiones que parecen importantes, sino buscando siempre su base, que yace oculta. Eso es evidente cuando nos damos cuenta de que la forma más grande, el Dao eterno, está escondido.

De hecho, ese camino que ejemplifican la Madre pasiva y el Padre expresivo está oculto, porque en realidad ni uno ni otro tienen nombre. Si se los entiende únicamente a partir de su nombre, se pierden y su función, esencia y forma pasan a no tener sentido.

El camino que guarda el De y Dao no se puede poseer, pero aceptarlo como préstamo del gran Dao eterno sin forma permite que se cumpla con el camino del Dao eterno.

De Jing 5 (*Daodejing* 42)

道化 *Dáo huà*

Las transformaciones del Dao

El Dao dio origen al Uno, el Uno dio origen al dos, el dos dio origen al tres, el tres dio origen a diez mil cosas.

Las diez mil cosas llevan al Yin y abrazan al Yang; el aliento vital por consiguiente se hace armonioso.

La gente de hecho detesta estar sola, viuda y sin grano, y los reyes justos por consiguiente llegaron a considerarse así.

El ejemplo es cuestión quizá de perderlo (el poder) así como incrementarlo (mediante la virtud), quizá beneficiándose así como perdiendo.

La gente tiene lo que se ha de enseñar, nosotros también lo enseñamos.

El puente del poder (la persona) no es inflexible, por tanto estamos preparados para servir como maestros patriarcas.

Glosa de *Las transformaciones del Dao*

Este capítulo muestra a las claras la evolución del Dao, que continúa hasta el punto en que el principio masculino Yang puede ser abrazado por la cognición en la mente no manchada y juntarse con los programas básicos del principio femenino pasivo

Yin. Llegado ese punto, ambos se pueden unificar, con lo que la Fuerza de la Vida sale beneficiada y opera de forma íntegra en el ser humano.

El problema existe en la medida en que un gran número de personas –sobre todo en este mundo acelerado, lleno de tentaciones y sobreestimulación– miran hacia arriba en busca de algún tipo de liderazgo, sea de gobernantes o sabios. Todos piensan que los más desgraciados entre ellos son los que carecen de amigos, de una pareja o de sustento. Por consiguiente, los que enseñan no deben adoptar una postura arrogante, sino sentir con humildad genuina que no son mejores que el más desgraciado de los seres humanos, y eso además debe resultar evidente para todos los que escuchan el mensaje de transformación del Dao y el De.

Además, los que están en posición de ayudar a otros a entender la verdad del Dao y el De no deben desanimarse cuando se encuentren con la aparente resistencia e inflexibilidad de los demás, algunos de los cuales parecen auténticas fortalezas inexpugnables. Los maestros deben entender que incluso el puente más firme y fuerte (igual que el ser humano) tiene una flexibilidad innata; hay que tocar esa flexibilidad. Por tanto los que son maestros deben estar dispuestos a ser como padres maestros incluso en esos casos extremos.

De Jing 6 (*Daodejing* 43)

偏用 *Piān yòng*

El uso sesgado

En el mundo lo más suave esparce y abre lo más sólido.

Lo carente de existencia (el no-ser) puede entrar (donde hay) falta de espacio; somos conscientes por tanto de los beneficios existentes.

La enseñanza de la no-palabra y la no-acción es beneficiosa y en el mundo pocas veces se alcanza.

Glosa de *El uso sesgado*

Para explicar con precisión cómo se puede debilitar lo rígido, Laozi explica que en este mundo lo más suave esparce y abre lo más sólido y que la no-existencia puede entrar allí donde no parece que hay espacio disponible.

Es obvio que los maestros son conscientes de este beneficio cuando ayudan a todos los seres sintientes, incluso aunque den la impresión de que nadie puede acercarse a ellos. Sin embargo, para que quede claro que esta habilidad de recibir y enseñar no es solo cuestión de "montar el chiringuito" con una traducción del libro del De y el Dao en la mano, Laozi declara que esta enseñanza de no-palabras y no-acción pocas veces se alcanza.

De Jing 7 (*Daodejing* 44)

立戒 *Lì jiè*

Establecer advertencias

Renombre y vida: ¿cuál es preciado?

Vida y bienes: ¿cuál es (vale) más que el otro?

Ganar y perecer: ¿cuál es un defecto?

El gusto extremo (deseo) tendrá un gran coste; la mucha acumulación perecerá al espesarse.

Un caso de ser suficientemente consciente, (entonces) no (hay) desgracia.

Saber parar, (entonces) no (hay) peligro.

(Uno) está por tanto siempre desarrollándose y perdurando; (uno) es capaz por consiguiente de perdurar siempre.

Glosa de *Establecer advertencias*

Aquí hemos planteado preguntas que tienen respuestas claras; sin embargo, aunque sabemos esas respuestas, nuestra identidad insiste en seguir su curso contra todo lo que es natural y correcto.

El gusto extremo que es la codicia conlleva un gran coste antes o después, pues su resultado es el sufrimiento. De hecho, la búsqueda incesante de la felicidad es una garantía automática de sufrimiento en algún punto del camino.

Con el De no hay felicidad ni sufrimiento, sino un bienestar constante incluso en los momentos difíciles. Este sufrimiento, que es la pérdida de la interacción correcta entre la cognición y el principio masculino, es gradual y quizá hasta pase desapercibida, pero sus consecuencias son inevitables.

Si uno tiene la suficiente conciencia, con atención plena y una mente en calma, no hay problema alguno, pues en ese caso tendrá lugar el equilibrado automático del De. Ser consciente de dónde hay que aplicar los frenos cognitivamente en las acciones diarias puede ahorrarnos muchos pesares. Con esa actitud, habrá un desarrollo y crecimiento del De natural, que perdurará, igual que lo hará uno mismo.

De Jing 8 (*Daodejing* 45)

洪德 *Hóng dé*

La inundación de la virtud (la calma)

El mayor logro parece pobre; su uso no es un detrimento.

La mayor plenitud parece enjuagada, su uso no se agota.

La mayor rectitud parece torcida; la mayor destreza parece torpe; el argumento más concluyente parece dicho con cautela.

La calma es victoriosa sobre la impaciencia, el frío es victorioso sobre el calor.

La calma completa se convierte en el principio del mundo.

Glosa de *La inundación de la virtud (la calma)*

Aunque el De parece carente, vaciado de formas en este mundo samsárico –pues no produce recompensas o satisfacción de la codicia ni elimina la confusión o la aversión– su uso no va en detrimento de la vida natural y correcta en el *samsara* no manchado. No se puede agotar de ninguna manera, pues el espíritu de ser uno con los demás siempre está presente. A la mayoría de los que oyen hablar de él, el De les parece doblado e inválido, su destreza parece patosa al manejarla ya que no resulta pertinente, y sus mayores razones no tratan de los problemas que presenta la cognición manchada.

Sin embargo, la calma del De siempre triunfa sobre la impaciencia al no saciar los deseos; se puede apreciar que la calma completa es en realidad el principio rector del mundo, el único que incluye la armonía y el equilibrio propios del Dao con todas las cosas.

De Jing 9 (*Daodejing* 46)

儉欲 *Jiǎn yù*

La pobre cosecha del deseo

(Cuando) el mundo tiene Dao, los caballos de transporte se usan para (producir) estiércol.

(Cuando) el mundo no tiene Dao, los caballos de guerra dan a luz a las afueras de la ciudad.

No hay calamidad mayor que no darse cuenta de lo suficiente; no hay desastre mayor que el deseo de obtener.

Un ejemplo de darse cuenta de que lo suficiente es suficiente; siempre es suficiente cuando se entiende.

Glosa de *La pobre cosecha del deseo*

En el caso sumamente remoto de que el mundo diera marcha atrás o restaurara el reino del Dao tras una gran revolución de la mente humana, entonces incluso en este extremo donde la codicia y el poder están en su esplendor podríamos decir metafóricamente que los caballos de guerra se desviarían al arado y nacerían en los suburbios para realizar trabajo útil. Es un eco de las palabras de Isaías, que proclaman: "Y volverán sus espadas en rejas de arado, y sus lanzas en hoces; no alzará espada nación contra nación, ni se adiestrarán más para la guerra" (*Is.* 2:4).

Pero la manía adquisitiva y de poder reina y pocos se dan cuenta de cuándo tienen suficiente; hasta los inventos más estrafalarios se convierten enseguida en "necesidades". No hay calamidad mayor que esta ni mayor desastre que el que brota del deseo de oportunidades para obtener y poseer lo deseable, que no es otra cosa que el condicionamiento de la sociedad.

¿Cómo puede uno cambiar? Simplemente al reconocer y ser consciente de cuándo tiene suficiente. Una vez se entiende eso, entonces ocurre que de verdad se detiene en lo suficiente.

De Jing 10 (*Daodejing* 47)

鑒遠 *Jiàn yuǎn*

Examinar lo remoto

Sin ir más allá de la puerta se conoce el mundo; sin husmear por ventanas con celosía aparecen los principios del Cielo.

El que sale a gran distancia entiende bien poco en plenitud.

Por consiguiente, el sabio no va a ningún sitio pero es consciente, no ve pero entiende, no actúa pero consigue.

Glosa de *Examinar lo remoto*

Por naturaleza, el ser humano es curioso y creativo, pero siempre anda buscando con su identidad como guía. No entiende que la verdadera conciencia superior está dentro de él mismo y no fuera, en el mundo externo del *samsara*, o más lejos aún, en el *samsara* manchado. Tampoco puede llegar a ninguna parte con meditaciones o introspecciones que miran hacia dentro mentalmente. La mente no puede verse a sí misma; no es más que la puerta de acceso. Si abre esa puerta a los aspectos no cognitivos de la mente, encontrará la experiencia directa de los dos principios del Dao y de su unión.

El que sale a gran distancia y busca –incluso con ayuda de la ciencia, la filosofía y la psicología, pero sin acceso a esa experiencia directa– entiende muy poco, aunque pueda ganarse las alabanzas de quienes están en el *samsara* manchado. Eso también se aplica por supuesto a los que recorren el mundo trascendental con sus discípulos y seguidores, regodeándose en las palabras de la conciencia cognitiva al tiempo que recurren a la niebla trascendental para camuflar su locura.

El sabio de verdad no cae en esas trampas, sino que es consciente, entiende sin "ver" en sentido cognitivo y cumple la tarea natural del Dao sin actuar en el sentido mundano del término.

Siempre hay que recordar que cuando Laozi habla del sabio lo hace como ejemplo del potencial del ser humano. Aunque sean pocos los que pueden alcanzar el despertar, todos pueden con la fruición del De restaurar el empalme del principio masculino natural con la cognición y con la fruición del Dao –la unificación de los principios masculino y femenino.

De Jing 11 (*Daodejing* 48)

忘知 *Wàng zhī*

Descuidar la conciencia (la raíz)

Debido al aprendizaje hay beneficio diario, debido al Dao hay pérdida diaria (de conocimientos).

Perderlo (el conocimiento) y de nuevo tener que perder es por tanto llegar a la no-acción: la no-acción así como la "no no-acción".

Tomar el mundo siempre a fin de no obtener.

Al alcanzarlo, hay cosas insuficientes por tanto para tomar el mundo.

Glosa de *Descuidar la conciencia (la raíz)*

Todo el mundo tiene claro que el aprendizaje abre la puerta al dinero y al éxito en el *samsara*; pero cuando se estudian el De y Dao queda de manifiesto que ese aprendizaje, cuando se establece como principio guía y no como herramienta natural, lleva al error y al sufrimiento. Así pues, es necesario dar marcha atrás en el curso de la conciencia con comprensión correcta y ver los errores de la propia trayectoria, desprendiéndose así del deseo y apego al conocimiento cognitivo.

Cuanto más deje uno la búsqueda constante de conocimientos

como si fuera un Santo Grial, mejor captará las limitaciones del aprendizaje cognitivo y podrá llegar a la no-acción, que es la ausencia sostenida de actividad de la identidad en la mente.

La no-acción se refiere a la acción cognitiva que nubla y agita la mente constantemente. Cuando hay quietud y atención del De y Dao natural, hay acción, pero de tipo sutil y no mental. De esta manera uno puede encontrar su lugar natural en el mundo sin el impulso mental de dominarlo –incluido uno mismo y todos los fenómenos naturales. Uno no puede conquistar lo que solo existe en su mente. Cuando uno se pone a dar órdenes y a dominar, se encuentra con que no tiene nada, y eso le impele a la identidad a buscar infructuosamente una y otra vez.

De Jing 12 (*Daodejing* 49)

任德 *Rèn dé*

La responsabilidad del carácter

El sabio no tiene ideas constantes, por tanto las numerosas ideas nombradas (de otros) sirven como núcleo.

Una persona benevolente, nosotros somos benevolentes con él; la persona no benevolente, también somos benevolentes con él; (ese) es el carácter de la benevolencia.

Una persona de confianza, nosotros confiamos; una persona sin confianza, también confiamos; (ese) es el carácter de la confianza.

El sabio, (al estar) en el mundo, en el mundo los junta a todos, en el mundo se vuelven uno en su mente; la gente corriente, todos y cada uno, son captados por sus oídos y ojos, el sabio los tiene a todos (por) sus hijos.

Glosa de *La responsabilidad del carácter*

El sabio no tiene una mente rebosante de pensamientos que interfieran con el funcionamiento natural del De en su cognición ni con el equilibrio y armonía de los principios masculino y femenino. Como consecuencia, al carecer además de identidad, está abierto a los pensamientos, actitudes e ideas de los demás y es capaz de analizarlos con claridad sin emplear su propia cognición como maestro. No importa si los demás son benévolos o no, él lo será con ellos y confiará en ellos, ya confíen a su vez o no. Esa es la naturaleza de la benevolencia y la confianza.

Como resultado de esta apertura, el sabio reúne a la gente sin distinciones y ellos se unifican en su mente, ya que es consciente naturalmente de la unidad de todas las cosas; con sus sentidos se percata hasta de la persona más corriente, pues todos los seres humanos son como hijos suyos y a todos los trata como si fuese un padre sabio. Además, aunque no se menciona expresamente en el texto, está claro que también trata correctamente como parte de la misma unidad a todos los seres sintientes y al entorno natural que sostiene toda la vida.

De Jing 13 (*Daodejing* 50)

貴生 *Guì shēng*

La vida noble

Al salir de la vida para entrar en la muerte, ellos (la gente) siguen a la vida (con) tres de diez, ellos (la gente) siguen a la muerte (con) tres de diez; al entrar nacen, yendo hacia su muerte también hay tres de diez.

¿Por qué le ocurre eso al hombre?

Porque (la vida) es multiplicar y vivir sustancialmente.

De fuente desconocida se hace saber (que), para seguir con vida, la persona (cuando) camina por la montaña evita encontrarse con bandidos o tigres (y) al alistarse en la defensa nacional no lleva armadura ni armas.

Los (hombres) feroces carecen de lugar donde apuntar sus arcos de cuerno, el tigre no tiene lugar donde usar sus garras, los soldados no tienen lugar que admita el filo de la espada.

¿Por qué le ocurre esto al hombre?

Porque carece de lugar de muerte.

Glosa de *La vida noble*

En cuanto uno nace, está claro que eso es el primer paso que le lleva a uno hacia la muerte, que es inevitable. Si miramos en qué consiste la vida en el *samsara* y cuáles son sus elementos importantes, encontramos que son diez. En este capítulo ha habido muchas ideas variadas acerca de cuáles puedan ser. Aquí hemos intentado presentar diez elementos que encajan con el capítulo, de los cuales hay tres que lo acompañan a uno en la vida desde el primer al último momento.

Los diez elementos aumentan y disminuyen dependiendo de las circunstancias, pero hay tres –el impulso natural de comodidad (alimento y temperatura adecuados), seguridad (protección de los elementos y depredadores) y pertenencia (a la tribu específica de cada uno)– que son elementos esenciales de la Fuerza de la Vida y aportan la base de las experiencias y cualidades de sensibilidad, discriminación e inteligencia natural. Sin embargo, el *samsara* manchado, al fomentar las identidades, los ha convertido en confusión, codicia y aversión.

La pregunta que se dirige aquí a los tres elementos es por qué le ocurre eso al ser humano. Es así porque la Fuerza de la Vida surgida del Dao ha evolucionado una forma de vida humana y ha desarrollado los atributos que mejor podían perpetuar ese estado.

Sin embargo, el peligro de destrucción de esa vida, sea física o mentalmente, es real y se nos advierte que tengamos cuidado de evitar los lugares donde podamos toparnos con el ataque de bandidos o tigres –en representación de quienes operan bajo los impulsos desquiciados de la identidad. También se nos aconseja mantenernos alerta y prepararnos a evitar los ataques de los demás extirpando toda agresión o aversión en uno mismo y no participando en conductas rapaces de codicia. Por último, se nos plantea la pregunta retórica de cómo es posible que el ser humano abrace la vida correctamente y perpetúe la Fuerza de la Vida si no está dispuesto a resistirse en primer lugar a la muerte de cuerpo y mente del *samsara* manchado.

De Jing 14 (*Daodejing* 51)

養德 *Yăng dé*

Criar la virtud

El Dao las engendra, la virtud las alimenta, la materia las forma, los signos las completan.

Por tanto de las diez mil cosas no hay una que no respete al Dao así como a la virtud.

El Dao es respetado, la virtud es valorada, no hay hombre al que se le ordene sino que siempre es así por sí mismo.

Porque el Dao las engendra –y la virtud las alimenta, las desarrolla y nutre, las descansa y salvaguarda, las apoya y protege– da nacimiento pero no existencia, actúa sin depender, desarrolla sin gobernar.

Se habla de él como la virtud misteriosa.

Glosa de *Criar la virtud*

¿Cuál son las interacciones del Dao y De que provocan que fructifique la Fuerza de Vida natural y correcta? Vemos que es el Dao el que da a luz la Fuerza de la Vida para todos los seres sintientes y es la virtud la que los sustenta mediante la evolución de la expresión masculina que convierte el programa en una realidad en el *samsara*. Es esta materia, antítesis de la no-materia, la que permite la expresión del principio masculino y es la comunicación que se proyecta la que completa la ejecución de los cuatro aspectos de la supervivencia natural.

Como resultado, si todo fuese equilibrio y armonía, no habría nadie que no respetara al Dao en sí y no valorase a la virtud resultante. Sin embargo, es evidente que la operación de los procesos no gobierna al sistema; de hecho, hay una volición que le permite al ser humano desviarse de la conducta que no obstante es la más correcta cuando comprueba internamente la referencia del principio masculino. Si no logra hacerlo, la identidad triunfa y el sustento del Dao natural se ve relegado y se pierde.

Dado que el ser humano fue producido por el Dao y alimentado por los programas de la virtud natural –el factor de supervivencia–, todos los seres sintientes se desarrollan y sustentan de acuerdo con la ley natural, dentro de sus límites. Ellos obtienen descanso natural y recuperación de cuerpo y mente y son capaces de salvaguardarse a sí mismos mediante el De, según lo exijan las condiciones. Además, reciben apoyo de la interacción y armonía entre todos los seres sintientes y el entorno que los sostiene y así están a salvo de la extinción.

Cuando hablamos de extinción no nos referimos al individuo ni a la especie, sino a la vida misma. Así pues, el Dao da a luz pero no da la existencia, tal como la conoce la mente cognitiva. El Dao actúa sin depender de sus productos y permite que haya un desarrollo natural sin gobierno. Esa es la belleza del Dao y el fallo fatídico cuando está presente la identidad.

Es debido a esta totalidad, la unidad del Dao, por lo que a la virtud resultante se le llama misteriosa.

De Jing 15 (*Daodejing* 52)

歸元 *Guī yuán*

El regreso al inicio

El mundo tuvo un principio, (que) por tanto sirvió como Madre del mundo.

Él (el ser humano), al adquirir ya la Madre se hizo consciente por tanto de la primera rama terrenal, vuelve al estado original guardando a la Madre y está sin peligro hasta el fin de la vida.

Detén su trueque, cierra su manera de hacer las cosas, al final la vida no es asidua.

Abre su trueque, beneficia sus asuntos, al final la vida no se salva.

Ver la pequeñez se llama comprensión, guardar cediendo se llama fuerza.

Al usar su luz recupera su comprensión, sin tener que dejar atrás una vida de calamidades: eso ha de servir como práctica eterna.

Glosa de *El regreso al inicio*

El mundo, tal como lo conocemos, empezó de la no-existencia y ese inicio sirvió como madre de todos los fenómenos. Una vez adquirió la Madre –en este caso, los procesos del principio femenino–, el ser humano se volvió consciente por tanto de la primera rama terrenal, que de hecho es la conciencia de la expresión de la vida y de la Fuerza de la Vida en sí como principio. Esta conciencia de la plena sutileza de la supervivencia de la Fuerza de la Vida para el ser humano incluye la comprensión cognitiva de los cuatro estados sublimes que acompañan al comportamiento correcto, anque no los provoca (como ocurre con todo dogma puramente cognitivo).

Cuando todo se desarrolla correctamente, el ser humano puede regresar al estado original en el que expresión y principio se unen, y así guardar el principio femenino. Si lo consigue, no hay más sufrimiento en la vida. Para ello, debe detener su codicia y sus maneras habituales de hacer las cosas, en cuyo caso quedará libre de peligro.

De hecho, cuando frena este intercambio que es tan frecuente en todos los aspectos del *samsara* y detiene su conducta nefasta, su vida deja de estar caracterizada por las preocupaciones y las fatigas desagradables; pero si deja que continúe ese trueque y no contacta con la expresión masculina correcta del principio femenino, dedicándose en cambio a beneficiarse en sus asuntos con craso egoísmo, no alcanzará nunca su vida natura y correcta, libre de sufrimiento.

A ver así la mezquindad de la existencia mundana insensata se le llama "comprensión", y a guardar lo correcto cediendo y siendo flexible se le llama "fuerza". Al usar su luz interna de comprensión más allá de las palabras, no tiene que dejar atrás un rastro de calamidades en su vida. Esto, por tanto, se convierte en su práctica eterna.

Este capítulo cobra en consecuencia una gran importancia, pues delinea con precisión la manera en que se puede generar la virtud natural, que es el objetivo de todo el *De Jing*.

De Jing 16 (*Daodejing* 53)

益証 *Yì zhèng*

La evidencia en aumento

Al hacer posible mi rectitud existente hay conciencia correcta, al andar por el gran camino solo hay asombro ante las acciones.

El gran camino es suave, pero a la gente le gusta el camino estrecho.

La corte está extremadamente dividida, los campos están extremadamente cubiertos de hierbajos, los graneros sumamente vacíos de contenido.

Las ropas elegantes se celebran, se llevan afiladas espadas de doble filo, hay bebida y comida repugnantes, hay exceso de dinero y bienes.

Se habla de saqueos y bravatas.

También falsedad.

Glosa de *La evidencia en aumento*

Este capítulo es un comentario sobre el estado de la sociedad en la época en que Laozi decidió abandonar su puesto, pero se podría aplicar igualmente a nuestros tiempos, aquí y ahora. La política es una mascarada de corrupción a todos los niveles, no solo a escala internacional, y en el mejor de los casos, una ignorancia superficial. Se está destruyendo el medio ambiente y al planeta con sus habitantes; el hambre es una lacra, junto con la falta de justicia; se busca el *glamour* y la belleza con locura, el orgullo y la envidia se condicionan en cada quiosco de prensa; la violencia y las armas están a la orden del día, vendidos por los medios de comunicación como agradable pasatiempo voyeurístico incluso para niños; hay un exceso de riqueza y bienes a disposición de los que pueden pelear y destruir para conseguirlos y en las conversaciones diarias se habla del derecho a seguir los propios deseos para lograr el gran sueño y abunda la jactancia que asegura la autoestima.

De Jing 17 (*Daodejing* 54)

修觀 *Xiū guān*

Cultivar y observar

El que está bien establecido no es desviado, el que abraza no abandona; por tanto, la adoración y ofrenda de sacrificios (por parte) de hijos y nietos no cesa.

Su cultivo de la virtud personal es por tanto genuino; su cultivo de la virtud en la familia es por tanto abundante; su cultivo de la virtud en el pueblo es por tanto constante; su cultivo de la virtud en el estado es por tanto grande; su cultivo de la virtud en el mundo es por tanto universal.

Es por tanto cuestión de que la persona observe a la persona, que la familia observe a la familia, que el pueblo observe al pueblo, que el estado observe al estado, que el mundo observe al mundo.

¿Cómo sé por tanto que el mundo es así? Por esto.

Glosa de *Cultivar y observar*

Este título aporta la razón esencial del capítulo: que la virtud es algo que se tiene que cultivar. No dice que se deba aprender, porque la virtud es un estado natural de todo ser humano y, en su aspecto fundamental, de todo ser vivo, ya que es sinónimo de la expresión de la Fuerza de la Vida, que al producir la supervivencia tiene como concomitantes empíricos la alegría por la alegría de los demás, la verdadera compasión, el verdadero afecto benevolente y la ecuanimidad.

Si la virtud está bien afianzada y se abraza internamente, como uno haría con un buen amigo, entonces no habrá retirada a instancias de la identidad y no se abandonará el De. También hay que tener presente que, mediante el ejemplo propio, las generaciones futuras podrán adoptar ese mismo patrón natural.

Si la verdad del De y el Dao se abraza de verdad, el resultado es que la virtud común y corriente de las religiones y el estado (que son medios hábiles) no se seguirán y la virtud será genuina, no forzada por la mente cognitiva. Las familias tendrán abundancia y disfrutarán de todos los frutos naturales de la unión de una Fuerza de la Vida sin venenos. La virtud será constante entre los grupos pequeños y el estado gozará de la grandeza de ser generado por el Dao en beneficio de todos los seres vivos, no solo la humanidad. Entonces, el mundo podrá alcanzar esa utopía de la unidad completa.

La clave, por supuesto, está en la observación continua de la amenaza de la presencia de la identidad y la atención plena a todo lo que uno hace y a todo lo que le pasa por la mente. Eso implica atención a cada tarea en exclusiva, sin caer en los hábitos de identidad que son el descuido y la agitación. Hacer las cosas correctamente actúa como refuerzo de sí mismo.

De Jing 18 (*Daodejing* 55)

玄符 *Xuán fú*

La cuenta misteriosa

Con esta cuenta, Laozi enumera las consecuencias evidentes
de ser un sabio del Dao que capta la virtud natural.

Mantener la propia virtud generosa es estar cerca del niño desnudo.

Los insectos venenosos no pican, las bestias feroces no agarran, las aves de presa no desgarran.

Sus huesos son débiles y sus músculos blandos, pero agarran con firmeza.

Inconsciente aún de su unidad de femenino y masculino, así el todo, tomado por vitalidad finamente perfeccionada, también llega.

El rugido del fin del día aún no es (aclamable); la armonía también se alcanza.

La conciencia de la armonía se llama lo eterno, la armonía eterna se llama comprensión.

Aumentar el devenir se llama auspicioso.

La mente habilita el aliento vital (la Fuerza de la Vida), llamándolo vigoroso.

El mundo físico siempre fortalece el principio, hablar de ello no es el camino, no ser el camino es una llegada prematura al fin.

Glosa de *La cuenta misteriosa*

Este es un capítulo fundamental para entender la relación existente entre el De, la virtud, con la elaboración del Dao –la combinación de los principios masculino y femenino que precede a las contemplaciones que llevan al acceso, propio del hemisferio derecho del cerebro, a la forma no diferenciada, la esencia y la función, en donde uno debe morar en contemplación hasta que surja el despertar.

Se nos dice que debemos mantener la virtud en su máxima cúspide y quedarnos en la inocencia del niño desnudo para que no nos asalten los tres venenos del *samsara* manchado. También se nos asegura que, aunque parezcamos débiles en términos de aptitud social, seremos capaces de tomar con firmeza todo lo que sea necesario. Es verdad que, mientras estamos en este estado virtuoso, aún no somos conscientes de la unidad esencial femenina que trae el libro del Dao, pero la totalidad se percibe más allá de las palabras, de manera que contamos con una vitalidad perfeccionada con finura. El rugido del final del día, la compleción de la tarea, aún no se ha conseguido, pero se ha logrado la armonía entre la cognición y la expresión de la Fuerza de la Vida. La conciencia de esa armonía bien se puede llamar eterna; y cuando se fortalece como armonía eterna, se convierte entonces en comprensión más allá del intelecto.

Si aumentamos ahora la intensidad de esa comprensión, eso augura circunstancias favorables para la mente que, libre de cadenas, puede habilitar el aliento vital que es la Fuerza de la Vida, ahora vigorosa. Cuando esa Fuerza de la Vida se activa, la energía se convierte en el devenir del despertar, y al morar en ese estado nos encontramos con los procesos del principio femenino.

Este capítulo traza por tanto un mapa que muestra el camino completo que va desde la virtud a la contemplación del despertar.

Dado que la virtud natural liberada permite una interacción correcta entre el principio masculino y la cognición, las actitudes, intenciones y preparación para responder correctas que resultan refuerzan ese principio. Pero no debemos creer por un instante que al entender esto hayamos logrado nada en absoluto, pues hablar o abrazar cognitivamente esas verdades no es el camino en sí. No estar en el camino y morar en él solo con el intelecto cognitivo supone una finalización prematura de todo lo que era posible.

De Jing 19 (*Daodejing* 56)

玄德 *Xuán dé*

La virtud honda y profunda

El que es consciente no habla, el que habla no es consciente.

Bajar el tono de su inteligencia, desbaratar su confusión, armonizar su brillantez, ser uno con el polvo: a eso se le llama la semejanza honda y profunda (a la virtud).

Un caso de no ser capaz de obtener así como tener intimidad; de obtener pero sin negligencia; de obtener pero sin beneficio; de obtener pero sin causar daño; de obtener pero sin alto rango; de obtener pero sin posición inferior.

Es la razón por la que se le trata con respeto en el mundo.

Glosa de *La virtud honda y profunda*

Quien hable sobre la virtud podrá hacerlo bien sin duda en términos cognitivos, pero eso no es capaz de aportar una conciencia de la virtud en sí, más allá de la cognición. Hay que rebajar el tono de toda inteligencia, convirtiéndola en sirviente y no maestra de la vida natural. Hay que desbaratar toda confusión, armonizarse con la brillantez potencial de entender el De y vivir sin identidad, igual que el polvo común y corriente, de manera que de verdad seamos uno con todas las cosas. Una vez que consigas eso y seas capaz de caminar con los reyes sin perder el contacto con lo común, la virtud estará ahí.

Pero es muy evidente que eso no se puede conseguir en tanto uno busque, desee o se aferre a la cercanía de una o más personas. También salta a la vista que si hay beneficio para la identidad o daño de cuerpo o mente a los demás, esa virtud no se puede alcanzar. Tampoco puede uno albergar orgullo o arrogancia ni ambición por llegar a posiciones más altas que los demás en la vida pero, al mismo tiempo, uno no puede consignarse a la oscuridad de la falsa modestia.

Si uno es capaz de mantenerse fiel a este comportamiento con el manto de la virtud, será tratado con el debido respeto por el mundo; aun así, no debería exigir ni esperar ese respeto, ni tampoco reaccionar negativamente si no lo recibe.

De Jing 20 (*Daodejing* 57)

淳風 *Chún fēng*

La influencia genuina

Controla por tanto correctamente el estado, usa rara vez la fuerza, y no tengas que ver con tomar el mundo.

¿Cómo sé que eso es correcto? Por esto:

El mundo tiene muchos tabús que evitar o no mencionar y la gente es completamente charlatana; muchos son individuos de habilidad excepcional y el estado y las familias se vuelven confusas; muchos hombres tienen artes finas y objetos preciados y surge el llanto; las leyes y mandamientos se multiplican y manifiestan, y hay más salteadores y ladrones.

Los sabios dicen por tanto: "No actúo y sin embargo la gente se transforma a sí misma; me agrada la quietud y sin embargo la gente es honrada y recta; no trabajo y sin embargo la gente es próspera; no deseo y sin embargo la gente es corriente y sencilla".

Glosa de *La influencia genuina*

De resultas de rebajar el tono de su inteligencia, desbaratar su confusión, armonizar su brillantez y unirse con su polvo, uno podrá administrar correctamente el estado, emplear la fuerza en contadas ocasiones y no tener nada que ver con adueñarse del mundo. Laozi se pregunta cómo sabe que eso es así. Las alternativas son que lo sabe a través de la experiencia directa del poder de la virtud natural por un lado o bien al examinar el estado del mundo que no refleja ningún seguimiento del camino del Dao ni de la virtud natural que está disponible tanto para los individuos como para los grupos.

También afirma que el mundo tiene varios tabús que evitar o no mencionar y que las personas hablan sin parar; que muchos son individuos de habilidades excepcionales y que el estado y las familias se vuelven atolondradas; que muchos hombres poseen artes diestras y cosas raras y que se eleva el llanto; que se multiplican y manifiestan las leyes y mandamientos y hay cada vez más ladrones y salteadores. En otras palabras, el mundo –o al menos la sociedad, tal como él y nosotros la conocemos– es un desastre cuando no tiene por qué ser así. Y ¿de quién es la responsabilidad? Es de los líderes, que deberían ser del tipo del sabio del Dao, que declara "No actúo, me agrada la quietud y no me esfuerzo en busca de beneficio, fama o gloria".

¿Dónde están esos líderes? Como se suele decir, brillan por su ausencia. Pero ¿cómo van a surgir líderes como esos si no es a partir de las personas corrientes que deciden emprender el camino del De y el Dao? Si lo hacen, quizá ese cambio noble y natural no tendrá lugar durante su vida ni la de sus seguidores cercanos, pero si no se transporta la llama de la verdad del De y el Dao casi no hay esperanza de que ningún ser humano pueda llevar una vida digna. "Los sabios dicen por tanto: 'No actúo y sin embargo la gente se transforma a sí misma; me agrada la quietud y sin embargo la gente es honrada y recta; no trabajo y sin embargo la gente es próspera; no deseo y sin embargo la gente es corriente y sencilla'".

De Jing 21 (*Daodejing* 58)

順化 *Shùn huà*

La transformación favorable

Si el gobierno está cubierto y amortiguado, sus gentes son sinceras y honradas; si el gobierno observa e indaga, sus gentes son deficientes e incompletas.

Por tanto el sabio es cuadrado así como no separa (nada), es íntegro y no daña, es recto y no se comporta sin contención, es luminoso así como no brillante.

La calamidad, ¡ah!, de hecho descansa sobre la felicidad y la felicidad, ¡ah!, de hecho encubre la calamidad.

¿Quién es consciente de su límite?

También le falta corrección.

Lo correcto se vuelve maravilloso de nuevo, dañar se hace malo otra vez.

La gente está estupefacta; sin duda viene de tiempo atrás.

Glosa de *La transformación favorable*

Siguiendo con el mismo tema, aplicado a todo tipo real y posible, encontramos una relación inequívoca entre el gobierno y sus consecuencias: cuanto menos gobierno haya –al menos en teoría si es el no-gobierno con base en el Dao y De– más sincera y honrada será la gente. Eso exige por supuesto una confianza completa en la persona o equipo que gobierna.

El que gobierna como sabio no es agresivo en su gobernar y, dado que la no-acción es su divisa, refrena todo impulso que pueda resultar perjudicial para su pueblo.

Es una locura pensar que hacerle feliz a la gente resuelve todos los problemas, porque la felicidad en realidad es un requisito previo para el sufrimiento, ya que sin felicidad no puede haber sufrimiento. Y entonces, ¿qué? Cuando uno suelta la felicidad y el sufrimiento, el sistema natural experimenta un bienestar general y constante. Debemos ser conscientes de las limitaciones de esta falsa felicidad, que es un engaño, y ver que le falta corrección. En ese caso, lo que de verdad es correcto se vuelve maravilloso y cualquier daño de mente o cuerpo a uno mismo o a otros se vuelve malo.

Por supuesto que esto es difícil de entender y la gente ha estado perpleja y engañada en relación con esta falacia llamada felicidad durante mucho tiempo, quizá doce mil años o más.

De Jing 22 (*Daodejing* 59)

守道 *Shǒu dào*

Guardar el Dao

A la hora de administrar hombres y asuntos del Cielo no hay quien no guste de la contención.

Solo de un hombre de contención se dice que cede antes; de ceder antes se dice que repite una virtud largamente mantenida; al repetir la virtud largamente mantenida no carece de contención; al no carecer (de contención) no hay quienes sean conscientes de su límite; al no ser consciente de su límite es capaz de tener el estado; al tener el estado es capaz de hacer que la Madre perdure.

Se la tiene por raíz profunda y cimiento sólido, constantemente está desarrollándose y creciendo y se toma por su Dao.

Glosa de *Guardar el Dao*

Para el ser humano, malcriado por sus deseos y apegos, es difícil alcanzar la contención porque no resulta fácil dejar atrás los impulsos condicionados. Pero el hombre moderado, que no opera de acuerdo con los dictados del estado o los mandamientos de la religión, se dice que ha cedido previamente a la virtud, que está y siempre ha estado en su interior, aunque sublimada por la identidad. Al contar con esa virtud no le falta contención, pues surge de manera natural y no hay límites a esa virtud que le puedan imponer los Estados ni las religiones. Dado que no hay límites a esa virtud, el ser humano que la manifiesta es parte integral del estado que abraza el De; en ese caso, ha tocado e integrado de manera duradera el principio masculino con el femenino. Este es el cimiento del verdadero ser humano, y a la medida que este ser se desarrolla y crece, se toma por su Dao natural.

De Jing 23 (*Daodejing* 60)

守道 *Jū wèi*

Morar en su sitio

Administrar el poder es como cocinar peces pequeños.

Como el Dao llegó al mundo entero, su astucia no es la esencia divina; no es que su astucia no sea la esencia divina, es tal que la esencia divina no daña; no es que la esencia divina no dañe, el sabio tampoco daña (a nadie).

Unos pocos hombres no se dañan mutuamente, es un caso donde la virtud entrega y devuelve.

Glosa de *Morar en su sitio*

Los peces pequeños son algo muy delicado, que el cocinero hábil debe tratar con precaución para no asarlos demasiado o quemarlos. Administrar cualquier poder, desde la menor interacción entre dos personas a las grandes empresas colectivas, requiere el mismo cuidado y comprensión. Simplemente hablar del De y el Dao supone no entenderlo.

El Dao lo usa la mente manchada, y la identidad se apropia de estas ideas para emplearlas astutamente en beneficio propio. Esa astucia no es el camino de la esencia divina, la Fuerza de la Vida. No es que la astucia natural no sea parte de la Fuerza de la Vida, sino que como parte de esa fuerza no le hace daño de mente o cuerpo a sí misma ni a ningún ser vivo cuando no es parte de la variedad e interacción naturales del Dao. Pero no basta con decir que la Fuerza de la Vida no hace ningún daño más allá del que exige la naturaleza, sino que el ser humano, como sabio en armonía con el Dao, actúa en equilibrio con el De, la expresión de la Fuerza de la Vida, y tampoco hace daño a ningún ser sintiente.

Son pocos los seres humanos los que, al vivir irremisiblemente dentro del *samsara* manchado, no le hacen daño a los demás; de hecho, las acciones de ese estilo acaban siendo mutuas entre ellos, incluso entre los que están vinculados por algún tipo de lazo social. Con el De, sin embargo, lo que se entrega se devuelve; eso es el Dao.

De Jing 24 (*Daodejing* 61)

謙德 *Qiān dé*

La virtud de lo modesto

Las personas de países grandes son el curso bajo de un río, para el mundo entero son la hembra, al mundo entero también se someten.

La hembra al no moverse siempre es victoriosa sobre el macho, por tanto como (ella) no se mueve actúa debajo.

Por consiguiente el gran estado bajo un pequeño estado toma posesión del pequeño estado; el pequeño estado bajo un gran estado toma posesión del gran estado.

Por tanto (la gente), quizá estando debajo para elegir, pueden estar debajo y obtener.

El estado grande sin embargo quiere educar a las personas, el estado pequeño solo quiere inmiscuirse en los asuntos de la gente.

Los hombres a ambos lados obtienen de hecho el deseo, la gran persona debería comportarse como (si fuera) inferior.

Glosa de *La virtud de lo modesto*

A pesar de que los grandes Estados pueden operar bajo las ilusiones del orgullo y la arrogancia, su verdadero lugar, según el concepto del De, implica tomar una posición lo suficientemente humilde como para que puedan llevar a cabo una unión perfecta con Estados más pequeños. El MWD aclara que este es un ejemplo que deben seguir no solo los grandes Estados sino que también se aplica en casos de diferencias individuales de recursos y poder. Los más poderosos siempre deberían adoptar una posición modesta y más baja, es decir, como la hembra pasiva, lo que implica generar el verdadero proceso de la Fuerza de la Vida.

A través del De es obvio que los más poderosos o ricos deben ayudar a los menos favorecidos, adhiriéndose así al concepto de unidad del Dao. Los menos favorecidos no deberían simplemente quedarse ahí y recibir, sino obtener los beneficios de fundirse en unidad y no obtener de manera egoísta lo que creen que son sus derechos o lo que despierte su deseo y apego. El fervor religioso lo ha reducido a la costumbre social de que los más pudientes den limosna a los menos favorecidos para ganarse el puesto en algún Cielo hipotético; pero el De no tiene nada que ver con eso. La virtud verdadera y natural ve con claridad que todos somos uno, y comparte sin orgullo simplemente porque es natural hacerlo.

Aquí viene a cuento el relato de la viuda de los evangelios cristianos (*S. Marcos* 12: 42-44 y *S. Lucas* 21: 2-4), que entregó todo lo que tenía, dos monedas de cobre llamadas "blancas" que aun juntas no valían más de la mitad de un *quadrans*, la moneda de menor valor que producía el imperio romano en esa época.

Dar sin más no es compartir.

De Jing 25 (*Daodejing* 62)

為道 *Wéi dào*

Convertirse en el camino

La moralidad de todos los seres vivos es oscura.

(Para) el hombre bueno es su tesoro, (para) el hombre malo su lugar de protección.

Las palabras bonitas pueden comprar o vender respeto, tener un buen comportamiento puede añadir (respeto) a los demás.

(Si) la gente es mala, ¿por qué hay que abandonarla?

Un caso de coronar a un emperador y nombrar a tres honorables, aun teniendo adornos de jade y en consecuencia cuatro caballos por delante, no es igual a tomar asiento para promover esta moralidad.

¿Por qué estimaron los antiguos en consecuencia esta moralidad de la persona? ¿Acaso no dijeron: "Busca para alcanzar; los culpables (lo hacen) para evitar lo vil"?

Es el motivo por el que ella (la moralidad de la virtud) se vuelve preciosa en el mundo entero.

Glosa de *Convertirse en el camino*

La moralidad no consiste en los programas naturales de la virtud, relacionados directamente con el paradigma de supervivencia de la

Fuerza de la Vida, sino en cómo esa Fuerza de la Vida se traduce y expresa en sociedad; por eso, queda oscurecida en gran medida por el medio en el que existe. Cuando esa moralidad se vuelve disponible en el *samsara*, se puede convertir en un arma en beneficio de todos los seres vivos, no como individuos, sino como unificación de todos, o bien en una fuerza de la identidad que no le reporta ningún beneficio de verdad a la humanidad.

De hecho, muchos hombres y mujeres de dudosa virtud natural y genuina se ocultan tras una máscara de moralidad; debería quedarle claro por tanto a todos que no bastan las meras palabras de pretendida moralidad. Es sin duda un tesoro para la persona de virtud pero un cobijo para los que se sirven de la moralidad como protección y defensa contra las repercusiones de las actitudes, intenciones y respuestas incorrectas. Las bonitas palabras que se pronuncian adecuadamente pueden comprar el respeto de los afligidos por la insensatez de la mente manchada, pero solo cuando la conducta es correcta se gana el verdadero respeto, incluso entre los propios enemigos.

Así pues, hay algunos que profesan una moralidad manchada mientras otros abrazan la moralidad sin mancha, apoyada por la virtud verdadera y correcta. No obstante, solo porque hay ignorancia no quiere decir que haya que abandonar a los que tienen una mente manchada; todo depende, como quizá puedas entrever, de la motivación y el celo en relación con la verdadera virtud. Alabar la moralidad como si fuera virtud de verdad a fin de adornar el respeto propio no es igual en absoluto a generar la resilencia y perseverancia necesarias para establecer una moralidad auténtica asociada a la virtud.

¿Por qué valoraron los antiguos la moralidad verdadera? Porque está claro que la motivación y el celo son transparantes en la mente manchada. La mente no manchada avanza en el camino de la contención que abre la puerta mediante la contemplación a la verdadera virtud, mientras que los culpables simplemente intentan evitar lo nefasto dentro de sí mismos y de otros. La virtud no es un estado de refugio, sino el lugar en el que uno mora naturalmente; por esa razón, la moralidad de la virtud verdadera se convierte en preciosa y escasa en el mundo, y así se la llama.

De Jing 26 (*Daodejing* 63)

恩始 *Ēn shǐ*

El inicio benevolente

Actúa sin acción, no tengas nada que ver con los afanes, saborea lo sin sabor.

Atiende a los problemas en su (etapa) sencilla, se harán más grandes que esa (etapa) trivial; los problemas de los afanes del mundo entero se deben tomar por simples, los grandes acontecimientos del mundo entero se deben tener por triviales.

Es porque el sabio llega al final (temprano) por lo que no se hace grande, por tanto es capaz de ponerle fin a su pleno crecimiento.

El hombre promete sin cuidado, desde luego con poca verdad, muchas de sus (promesas) fáciles traerán muchos problemas.

El sabio por tanto es como si tuviera problemas, y por tanto carece de problemas.

Glosa de *El inicio benevolente*

El inicio más benevolente para cualquier actitud, intención y preparación para responder es empezar con la idea de que no hay nada cuya realización sea lo suficientemente importante como para irritar la mente o despertar a la identidad. Hay que recordar que se debe actuar sin activar la mente que reside en el *samsara* manchado, que está constantemente a la busca de problemas. El sabio, por el contrario, emplea un tipo de medicina mental preventiva, con la cual trata los problemas antes de que se hayan presentado.

Si uno contempla los asuntos y acontecimientos mundanos como si fueran potencialmente problemáticos, eso en sí asegura que habrá problemas. Ahora bien, eso tampoco significa que haya que esconder la cabeza en la tierra para evitar lo evidente, sino que hay que percibir con visión nítida la presencia de aquellas circunstancias que puedan convertirse en problemas, reducir la inútil masturbación cognitiva, y enfrentarse al asunto o acontecimiento negativo en apariencia de acuerdo con el De, con la mayor rapidez y sin alarma.

Igual que alguien que hace promesas insustanciales solo crea más dificultades para sí mismo y para los demás, el que genera problemas ahí donde no los hay pronto se ve envuelto en una maraña de agitación mental y dificultades samsáricas.

De Jing 27 (*Daodejing* 64)

守微 *Shǒu wēi*

Guardar lo diminuto

Esa calma es fácil de mantener, y no iniciar (es) un plan fácil.

Lo duro pero quebradizo es fácil de derretir, lo diminuto es fácil de dispersar.

Actúa en el (estado) aún no existente, adminístralo en el (estado) aún no confundido.

El árbol que se abarca con los brazos ha crecido desde el brote más mínimo; nueve pisos se alzan levantados a base de tierra acumulada; mil *li*, recorrerlos empieza con (poner) el pie en tierra.

La gente acomete asuntos y a menudo a punto de cumplirlos también se ven frustrados.

(Si hay) un final cauto como el inicio, entonces no hay derrota en el asunto.

Glosa de *Guardar lo diminuto*

El concepto básico se mantiene con respecto al capítulo anterior: que es fácil mantener la calma cuando uno se enfrenta a dificultades aparentes si se emplea el enfoque correcto. La idea es no alterarse ni lanzarse a hacer planes sobre la base de una evaluación de las circunstancias realizada con la mente manchada. Es esencial no planear, es decir, no recurrir a la estrategia mental, sino permitir que la virtud (De) natural del principio masculino le preste su impulso a las acciones.

El De natural derrite todo lo que aparenta ser difícil y dispersa todo una vez se observa su realidad insignificante. Tal como lo mostraba el capítulo anterior, hay que actuar en el estado inexistente de dificultades, tratándolas en su condición no confundida. Como refuerzo, se dice ahí que es mejor transportar un árbol cuando aún es un pequeño brote, que un edificio alto empieza por sus cimientos, que deben ser sólidos, y que una caminata arranca poniendo correctamente el pie en el suelo por primera vez.

Laozi añade ahora otro concepto: que uno debe seguir actuando con el Dao natural incluso cuando se establece un plan con la guía del De; a menudo al llegar cerca del final se produce una cierta relajación y entonces se frustra el proceso correcto. Es obvio que no basta confiar en la Fuerza de la Vida al principio y luego, quizá por exceso de confianza, destruir el flujo natural al dejar que la identidad se inmiscuya en el proceso. Si hay un final precavido bajo la guía del De, entonces no habrá derrota en la empresa. Pero al tratar con los problemas, se deben encarar todas las soluciones al principio, la mitad y el final tomando como referencia las partes esenciales del núcleo del principio masculino: el contento cuando los demás están contentos, la compasión no cognitiva, el afecto benevolente y la ecuanimidad frente al futuro.

De Jing 28 (*Daodejing* 65)

淳德 *Chún dé*

La virtud pura

Los antiguos eran gente bien dispuesta al ser hombres del Dao, no a fin de que los ciudadanos entendieran sino preparando (-los) para no ser inteligentes.

La gente es difícil de manejar porque sus conocimientos son muchos.

Por tanto al administrar un estado con conocimiento, el estado es un ladrón; al no usar el conocimiento para administrar el estado, este tiene buena fortuna.

Ser consciente de estos dos lados es también verificar el modelo.

Siempre ser consciente de la verificación del modelo se llama la virtud abstrusa y sutil.

La virtud abstrusa y sutil es entendimiento profundo y de largo alcance; junto con el regreso al entendimiento de la naturaleza, así la llegada después es grande y favorable.

Glosa de *La virtud pura*

Los antiguos, tiempo antes de la decadencia que presenció Laozi en su época, eran auténticos seguidores del camino, el De del Dao; no con el fin de instruir a los demás, sino para mostrarles el valor de la no-acción así como un sano rechazo a la cognición como elemento directivo de sus vidas.

La gente es difícil y no entiende correctamente porque están bajo el dominio de la mente cognitiva y defienden su inteligencia con orgullo y arrogancia sin darse cuenta de que la mente consciente es una herramienta, no un impulso que deba prevalecer en toda circunstancia. Por eso tienen que aprender a desprenderse del conocimiento académico que encadena la mente y equilibrarla con la virtud natural; si no lo hacen, resultan difíciles de tratar incluso para el más noble de los líderes o sabios. Asimismo, si un estado o líder intenta administrarlo todo con la inteligencia cognitiva de pensamiento lateral o lógico, en vez de escuchar la voz del De, esa persona es un ladrón; pero si no actúa bajo esas cadenas, que representan el apego al conocimiento, entonces hay buena fortuna.

Ser consciente de ambos lados permite que se verifique el modelo correcto de acuerdo con la experiencia, es decir, que la sabiduría natural del De se debe usar en armonía con el conocimiento del intelecto cognitivo; a esto se le llama la virtud abstrusa y sutil. Esta virtud abstrusa y sutil es una comprensión profunda y lejana que lleva a entender la naturaleza del De y de todas las cosas relacionadas con el estado primordial. Así, la unificación posterior de los principios masculino y femenino hace posible una llegada favorable al estado del *samsara* no manchado.

De Jing 29 (*Dàodèjīng* 66)

後巳 *Hòu sì*

Ponerse uno mismo detrás

Los ríos y mares pueden servir de hecho de reyes de cien valles; porque están bien dispuestos bajo ellos, esa es la razón por la que pueden servir de reyes de cien valles.

Es por tanto el sabio (quien) quiere estar sobre el pueblo, ciertamente habla para estar debajo; al querer estar por delante del pueblo debe tener su posición detrás de ellos.

El sabio por tanto se sitúa encima pero la gente no está seria, y se mantiene enfrente pero la gente no (le) daña.

Así por consiguiente el mundo entero está satisfecho y le estiman pero no se cansan.

Por tanto no disputa, porque no hay nadie en el mundo entero que pueda presentarle disputa.

Glosa de *Ponerse uno mismo detrás*

Bajo el rcinado del De, es la expresión activa (el agua) de la Fuerza pasiva de la Vida (el valle) la que se constituye en el poder que crea líderes. Por consiguiente, el sabio que quiere estar sobre el pueblo, guiándolo, debe hablar como si estuviera debajo de ellos, sin orgullo ni arrogancia. En ese caso puede permanecer por delante como guía y la gente se mantendrá en calma, sin ansiedad; también puede mantener esa posición sin que haya movimientos para superarle, ya que está con ellos y no en competencia contra ellos. En ese caso, todo el mundo estará contento y lo valorarán sin cansarse de su presencia en ese puesto; entonces el sabio puede guiar con eficacia sin gobernar. Su guía en beneficio de todos los seres sintientes se mantiene sin disputas y, dado que no compite con nadie, nadie puede competir con él.

De Jing 30 (*Daodejing* 67)

三寶 *Sān bǎo*

Los tres tesoros

En el mundo todos hablan de mi gran camino, y parece no asemejarse (a la grandeza).

Solo el hombre es grande, por tanto (el gran Dao) parece no asemejarse (a la grandeza).

Si pareciera asemejarse (a la grandeza) largo tiempo, ¡ah!, también sería diminuto (como) los hombres.

Tenemos tres tesoros preciosos, que mantenemos y guardamos.

El primero se llama benevolencia, el segundo se llama frugalidad, el tercero es no atreverse a actuar por delante del mundo.

La benevolencia genera la capacidad de ser intrépido; la frugalidad genera la capacidad de ser extenso; no atreverse a actuar en primer lugar en el mundo es por tanto capaz de alcanzar la herramienta del crecimiento.

La morada actual de la benevolencia está además en la intrepidez; la morada de la frugalidad está además en lo extenso; la morada de detrás es además (estar) por delante, ¡ah!, desde luego.

Por tanto los hombres benévolos compiten y luego sobrepasan, con vistas a guardar los principios con seguridad.

El Cielo les asistirá, por tanto los protege con benevolencia.

Glosa de *Los tres tesoros*

Debido a que el ser humano se coloca por egoísmo en el centro de toda existencia (supervisado quizá por uno o varios dioses), el gran camino del Dao, que es la mera virtud, no se le antoja parecido a la grandeza por sí mismo, sino todo lo más un medio para alcanzar objetivos. Además, si ese gran Dao de la virtud se colocara largo tiempo en un lugar de grandeza para los hombres cognitivos, se volvería tan diminuto e insignificante como los hombres mismos.

Tenemos tres tesoros valiosos, tres preciosos refugios: son la benevolencia, la frugalidad y la no-acción sutil pero crucial, que tan difícil es de entender sin apoyarse en dialécticas mentales y filosofía para explicarla.

En el Dharma de Buda y el Dharma Chan podríamos ver los tres tesoros del refugio de la misma manera, aceptando que el refugio en el Dharma se toma en la benevolencia real, no mental, que el refugio en el Buda se toma en la humildad y que el refugio en la Sangha –convertido en una farsa social de permanencia en el "yo"– se toma en morar en la frugalidad con todos los demás en unidad.

La benevolencia del Dharma y Dao sin duda genera intrepidez, y no atreverse a actuar por delante en el mundo, al tiempo que se alcanza todo lo que es natural en el estado de budeidad, es precioso; además, la frugalidad produce el carácter extenso que incluye a todos los seres sintientes. Es la posesión la que divide a los seres humanos; la frugalidad en cambio da espacio para el impulso natural de reunirlos a todos en el seno de la naturaleza.

Así pues, la benevolencia y la intrepidez, la frugalidad y expansividad, la humildad de ir por detrás mientras se guía a los seres humanos, son todos algo natural. A fin de guardar estos principios, los hombres benévolos compiten sin competir y así sobrepasan su benevolencia. En ello les asiste el principio masculino una vez liberado, y por eso protegen a los demás con benevolencia de igual manera que el principio masculino los protege a ellos.

De Jing 31 (*Daodejing* 68)

配天 *Pèi tiān*

En concierto con el Cielo

El virtuoso como guerrero no es belicoso; el luchador virtuoso no es airado; el vencedor virtuoso sobre el enemigo no participa (en la ira); el empleador virtuoso de la gente actúa como si estuviera por debajo (de ella).

A esto se le llama la virtud de no competir, a esto se le llama la fuerza de servir a los hombres, a esto se le llama el supremo concierto con el Cielo antiguo.

Glosa de *En concierto con el Cielo*

Esta virtud del Dao se debe extender asimismo a los que de una u otra manera son guerreros. Aquí no se plantea la cuestión de si la guerra es ajena a la virtud, sino el hecho de que el guerrero debe mostrar virtud incluso dentro del paradigma de supervivencia de la Fuerza de la Vida. La ira, con todas sus sutiles ramificaciones, es desde luego el enemigo en relación con el mantenimiento de esta virtud natural, puesto que la ira como respuesta ante las circunstancias difíciles es un síntoma primordial de frustración de la identidad.

La idea, por supuesto, se extiende a todos los líderes que

puedan estar involucrados en disputas sociales con las personas que están a su cargo. En estos casos lo mejor para resolver cualquier problema es la humildad natural y no fingida. Así la gente no compite ni riñe.

Esta es la fuerza de servir a las personas en la guerra y en la paz; es la equiparación extrema con el antiguo principio masculino, expresión de la virtud de la Fuerza de la Vida. Podemos contrastar aquí, a modo de ilustración, la ética cristiana con su mandamiento de "No matarás" con la posición daoísta, propia también del Dharma de Buda, que es "refrena (tus impulsos de) matar": una diferencia sutil, pero importante. Aunque tanto los seguidores del Dharma como del Dao rechazan la violencia y la guerra, cuando esa desgracia se le impone a uno debe manejarla con una virtud que no está atada a conceptos sociales o religiosos sino que brota naturalmente de la Fuerza de la Vida.

De Jing 32 (*Daodejing* 69)

玄用 *Xuán yòng*

El uso profundo (de los tres tesoros)

A la hora de usar la fuerza hay un dicho: "No me atrevo a actuar como anfitrión sino que sirvo de huésped; no me atrevo a avanzar una pulgada sino que retrocedo palmo y medio".

A eso se le llama caminar sin tener que caminar, repeler sin tener brazos, abandonar sin rival y asir la no-arma.

No hay desastre mayor que subestimar a un rival, y subestimar a un rival casi es verme privado de mi tesoro.

Es por tanto resistir a la fuerza y estar a la par; ¡ah!, el que se compadece es victorioso.

Glosa de *El uso profundo*

Todo sentido de superioridad personal, sea cual sea, es una locura de la identidad. Eso no implica, sin embargo, que uno no sea consciente de las diferencias individuales; significa que no hay importancia inherente en esas diferencias por lo que concierne a la valía del ser humano. El anfitrión debería estar unificado con el huésped, no mostrarse superior a él, y si uno nota el más mínimo avance, debería retirarse, poniendo su identidad detrás y no al frente.

Todo lo que uno hace está dictado por la expresión correcta de la Fuerza de la Vida, de manera que uno camina sin caminar cognitivamente, repele todo lo aversivo sin rechazarlo con agresividad, abandona todo sentido de rivalidad cuando hay rivalidad de manera que no se compite y siempre se echa mano del arma que permanece envainada. Nada se hace con control ni dirección de la identidad; la identidad es una herramienta, como lo son todos los procesos mentales, no el dueño y señor de nuestro comportamiento humano.

Eso, no obstante, no quiere decir que uno se interne a ciegas en todas las situaciones, ya que la mente y las herramientas de la identidad aparente son capaces de evaluar las circunstancias; pero esa no es la tarea de una identidad que tome las decisiones. Esa identidad está abocada a cometer errores, y esos errores de juicio de la identidad llevan a sobre- o subestimar a los rivales que se pongan en conflicto con uno. Solo porque marches por el camino del Dao o el Dharma, no puedes suponer que no habrá ningún conflicto en tu camino. El *Dhammapada* lo dice con llaneza: "Hay un viejo dicho, Atula, esto no es solo cosa de hoy: 'Le reprochan al que se sienta en silencio, le reprochan al que habla en demasía, también le reprochan al que habla poco; no hay nadie en la Tierra al que no se le encuentre falta'."

El que no pueda percibir esta verdad y actuar en consecuencia, desde la virtud, perderá por tanto su tesoro. Así pues, no te resistas a las fuerzas que te critican cuando entras en conflicto; mantén la proporción al ofrecer tu comprensión y compasión incluso ante los errores de los demás.

De Jing 33 (*Daodejing* 70)

知難 *Zhī nán*

La conciencia de lo difícil

Es muy fácil ser consciente de mi sentido, y muy fácil ponerlo en práctica.

(Sin embargo) En el mundo entero no hay nadie que sea capaz de ser consciente y nadie que sea capaz de ponerlo en práctica.

Las palabras tienen propósito, los asuntos tienen un soberano.

Solo el hombre tiene ignorancia porque no es consciente del ser.

Los que son conscientes de mí son escasos, seguidores que tengo en gran estima.

Ser un sabio es por tanto llevar ropa tosca de cáñamo así como tener un corazón de jade.

Glosa de *La conciencia de lo difícil*

Es obvio cuál es nuestra dificultad, pero muy difícil encontrarle solución. A medida que va pasando el tiempo, la humanidad se enreda cada vez más en las redes de la mente y el dominio de las máquinas. Las "Gameboys" preparan a los niños para lo que creen que es el mundo real y la búsqueda de la falsa felicidad de la identidad. Sin embargo, una vez uno rompe la barrera del deseo y la posesión, el camino se vuelve sorprendentemente fácil y la contemplación, sostenible.

El propósito de las palabras es ayudar al análisis y a elaborar la ilusión de separación *como herramienta*; pero nos hemos olvidado de cómo se usa esa herramienta. Los asuntos tienen un soberano auténtico, el Dao, que carece de propósito cognitivo y solo mira por la supervivencia correcta y natural de la vida. Sin embargo, hemos construido un soberano artificial, la identidad, y luego un soberano de todos los seres humanos aún más imaginario y poderoso.

Aunque es difícil desbancar esta ilusión que ha tomado las riendas, aún hay unos pocos que siguen el Dao y De; Laozi afirma que los tiene en gran estima. Nosotros también debemos valorarlos, porque son algo precioso que se debe emular más allá de los maestros de la palabra. ¿Cómo reconocerlos? Quizá no lleven ropas de cáñamo que se puedan ver, pero aun así eso es lo que se han puesto encima y sin duda el jade está en sus corazones.

El *Dhammapada* (259) dice al respecto: "Uno no está versado en el Dharma meramente porque hable en demasía. Aquél que oye poco y ve el Dharma en el seno de su propio cuerpo y no descuida el Dharma, ese es el versado en el Dharma".

De Jing 34 (Daodejing 71)

知病 *Zhī bìng*

Ser consciente del defecto

Ser consciente sin saber, ¡ah!, se valora; no conocer la conciencia es incluso un defecto.

El sabio no tiene el defecto, porque su defecto es un defecto.

Solo (en) los hombres es defecto el defecto, (siendo) de modo que no es tal defecto.

Glosa de *Ser consciente del defecto*

A veces este capítulo parece un trabalenguas, con tanto "defecto" que vuela de aquí para allá, pero en realidad su sentido es bastante claro. Para el sabio, o incluso para la persona de Dao, simplemente ser consciente a nivel subliminal del defecto es suficiente para destruirlo, y no tiene por qué haber una percatación consciente de ese defecto. Sin embargo, para la persona corriente, no darse cuenta de la conciencia es un gran defecto. El sabio está libre por tanto de ese defecto, porque en su conciencia sabe que el defecto es un defecto, con independencia de que surja o no.

En todo el mundo natural, solo el ser humano tiene los defectos de la identidad; además, no lo ve ni lo entiende y cree por el contrario que él mismo no tiene esos defectos.

De Jing 35 (*Daodejing* 72)

愛巳 *Ài sì*

El "yo" benevolente

Si la gente no le teme al poder, entonces llega un gran poder.

No faltar al respeto al lugar asignado para vivir es no tener desagrado por el lugar asignado para crecer.

Solo un hombre sin desagrado usará la ausencia de desagrado.

En consecuencia el sabio es consciente del "yo" sin ver un "yo"; el "yo" es benévolo, no un "yo" valioso.

Es la razón por la que se mantiene aparte de eso y toma esto.

Glosa de *El "yo" benevolente*

Lo que cuenta a la hora de mantener la no-acción y dejar que la mente ayude nada más en aquello que promueve la propia naturaleza es aceptar lo que te venga dado; eso implica apartar la ambición de la identidad y permitir que las cosas fluyan de forma natural. En el De y Dao no hay nadie que sea superior o inferior a los demás: no hay más que diferencias individuales y eso es algo que resulta difícil de aceptar en nuestra sociedad actual.

A la identidad le encanta el poder. Es una herramienta útil para alcanzar sus metas, con independencia del sufrimiento que se les cause a los demás o incluso a uno mismo a largo plazo. Si la gente no percibe el poder como algo digno de temer cuando no lo tienen o como razón insuficiente para que los demás lo teman cuando sí lo tienen, entonces se convierte en una herramienta natural que puede funcionar en beneficio de todas las criaturas sintientes. En ese caso, el verdadero poder natural de la benevolencia se impone sin dirección cognitiva.

Así pues, si uno acepta su lugar, habrá una aceptación total del crecimiento y desarrollo del individuo aparente y de todos los que estén unificados con él o ella. Si uno establece entonces una distancia respecto de la identidad –de sus gustos, no-gustos e indiferencia intelectual– el acercamiento, alejamiento o neutralidad naturales harán acto de presencia junto con el afecto o desafecto natural concomitante, sin identidad. Por tanto, el sabio será consciente de la ilusión natural del "yo", impulsada por el Dao, que no acepta ni ve el "yo" de la identidad. Siendo así, el "yo" natural es benevolente sin existir, en tanto que el "yo" de la identidad enmascara su adulación como si fuera algo valioso.

Por ese motivo el sabio se puede mantener al margen de todo lo relacionado con la identidad, evita tomarla por algo precioso, y acepta al "yo/no-yo" que es benévolo y natural.

De Jing 36 (*Daodejing* 73)

任為 *Rèn wéi*

Dejarlo como está

(Si hay) valor mediante la osadía, luego viene el declive; (si hay) valor sin osadía, luego viene estar vivo.

Ambos lados tienen posible beneficio o daño.

El Cielo detesta. ¿Quién sabe sus razones?

El Cielo es el camino de la moralidad, no lucha y está bien dispuesto para ser victorioso; no habla y está bien dispuesto para responder; no se le convoca y llega naturalmente; es sutil y simple así como bien dispuesto para planear.

La red del Cielo es vasta y extensa, es rala pero no falla.

Glosa de *Dejarlo como está*

El concepto de valor tiene que ver con enfrentarse o aguantar peligro o dolor, con el celo que te capacita para vértelas con ellos sin mostrar miedo. Es un fenómeno natural y, como tal, no requiere actividad de la identidad. No obstante, si la identidad está presente y el valor se produce mediante el atrevimiento, ese valor carece de entidad propia, y andando el tiempo se vendrá abajo para dar paso al miedo −en especial, el miedo al fracaso o el miedo a no satisfacer a la identidad. Ahora bien, si ese valor está desprovisto de identidad y es natural, uno estará vivo de verdad, con vigor y fuerza de espíritu.

Ambas presentaciones del valor en sociedad tienen sus recompensas, puesto que el valor se alaba si se entrega a una buena causa; por tanto, ambas formas de valor tienen su beneficio, aunque el beneficio del valor natural es supremo. También es posible que el valor sin identidad o el propio de la identidad no resulten aceptables en sociedad, con lo cual habrá alguna forma de sanción social. Para el hombre del De, sin embargo, eso importa poco, pues su recompensa es simplemente ser del De y continuar con el espíritu natural de la vida.

A este valor, aunque se entienda que es natural cuando carece de identidad, no se le debe permitir tener los apéndices resultantes de la identidad, pues ese valor es natural y de calidad secundaria, dado que no es más que la expresión del principio femenino natural. Por eso se puede decir que el principio masculino detesta la expresión de ese valor, entendiendo que la respuesta cognitiva a ese valor guiado por el principio masculino verá la expresión como un resultado natural, pero que su recepción por parte del *samsara* es detestable. Por eso ocultará esos laureles.

Siempre hay que recordar que la Fuerza de la Vida expresa el principio masculino con celo, que la mente ve como moralidad expresada con la herramienta de las palabras, pero en ese valor no hay competición, por mucho que esté dispuesto a proveer una victoria natural, no social. Por tanto, no es verbal, aunque tiene buena disposición para responder cuando hace falta sin fanfarria, orgullo ni arrogancia. No hay que extraerla ni convocarla, como el valor de la identidad, pues llega con prontitud. Por tanto no se puede planear ni considerar con el intelecto cognitivo, porque es un proceso suil y sencillo, aunque mediante la evolución ha provocado que las herramientas de las palabras y la memoria estén a nuestra disposición. La red del principio masculino lo cubre todo, aunque su operación es simple y espaciada, sin las complicaciones ni el sufrimiento de la identidad.

De Jing 37 (*Daodejing* 74)

制惑 *Zhì huò*

Controlar lo confuso

(Si) la gente no temiera morir, al usar la muerte, ¿por qué y cómo (hacer que) la temieran?

Si a la gente siempre se le hace temer a la muerte, y (si) por su rareza tuviéramos que prenderla así como matarla, ¿quién se atrevería?

Siempre (hay) un verdugo (que) preside sobre la matanza.

El hombre que sustituye al verdugo que preside, hablamos de él como si sustituyera al gran artífice de la madera sin tallar. El hombre que sustituye al gran artífice de la madera sin tallar, ¡ah!, raro es que no haya herida en sus manos.

Glosa de *Controlar lo confuso*

Los que son valientes por naturaleza no tienen miedo de morir y Laozi se pregunta cómo se puede usar la muerte contra la gente si esta no teme a la muerte. Ahora sabemos que la muerte se puede condicionar como recompensa para algunos en forma de ingreso a algún paraíso ultraterrenal.

La pregunta que se plantea entonces es si es correcto acabar con la vida humana; ¿nos atrevemos a tanto? La respuesta, por supuesto, es que sí que nos atrevemos, porque, de una manera u otra, esta civilización nuestra es un heraldo de la muerte.

La muerte es algo natural y el Dao, el camino natural, es el verdugo que la ejecuta, aunque de forma indiscriminada. Si nosotros, como seres humanos, nos arrogamos ese poder, lo hacemos por motivos relacionados con la identidad, no con el Dao o De. Igual que en el caso del sustituto del gran artífice de madera, el que se atreva a ello no quedará sin herida. De esa manera, el que daña a los demás, contraviniendo sus tendencias naturales y a la Fuerza de la Vida, se inflige daño a sí mismo y aumenta su adicción a la identidad.

De Jing 38 (*Daodejing* 75)

貪損 *Tān sǔn*

Dañar con codicia

La gente está hambrienta porque los gobernantes se alimentan de sus numerosos impuestos, por consiguiente está hambrienta.

La gente es difícil de gobernar porque sus gobernantes están haciendo (cosas), por tanto es difícil de gobernar.

La gente es frívola ante la muerte porque sus gobernantes se buscan la vida, por tanto es un morir frívolo.

El hombre por tanto no solo tiene vida como hacedor, es digno de una vida preciosa.

Glosa de *Dañar con codicia*

Hemos preferido no escribir una versión explicativa de este breve capítulo, cuyo sentido se explica por sí mismo. Solo queremos añadir, como comentario válido y hermoso, estos extractos del Sermón de la montaña de Jesús el nazareno:

"Por tanto os digo: No os afanéis por vuestra vida, qué habéis de comer o qué habéis de beber; ni por vuestro cuerpo, qué habéis de vestir. ¿No es la vida más que el alimento, y el cuerpo más que el vestido? Mirad las aves del cielo, que no siembran, ni siegan, ni recogen en graneros; y vuestro Padre celestial las alimenta. ¿No valéis vosotros mucho más que ellas? (...) Considerad los lirios del campo, cómo crecen; no trabajan ni hilan; pero yo os digo, que ni aun Salomón con toda su gloria se vistió así como uno de ellos. (...) Así que no os afanéis por el día de mañana, porque el día de mañana traerá su afán. Basta a cada día su propio mal".

De Jing 39 (*Daodejing* 76)

戒強 *Jiè jiàng*

Estar en guardia contra lo inflexible

La gente nace y (es) flexible y tierna, muere y (es) inflexible y firme.

La hierba y los árboles también nacen flexibles y frágiles, mueren también resecos y podridos.

Un ejemplo de la gente firme e inflexible son aprendices del morir, la gente que cede y es tierna son aprendices de la vida.

Es porque el ejército es inflexible por lo que es derrocado, el árbol que no cede se resquebraja.

Los que inspiran temor están en posición inferior, los que ceden y son tiernos ocupan la posición superior.

Glosa de *Estar en guardia contra lo inflexible*

Los humanos no nacemos con los venenos de la identidad, pero sí tenemos una predisposición a desarrollarlos porque la identidad reside en nuestro interior. Esos venenos se liberan cuando empezamos a alimentarnos de palabras y a creer en la existencia individual −falacias presentadas por los padres, el sistema educativo, social y religioso. Aunque nacemos flexibles y tiernos, crecemos con los venenos y respondemos con ellos a las circunstancias de la vida, hasta que morimos inflexibles y firmes. Esta condición –lejos de ser elogiable, como la sociedad querría que creyésemos, con su propio rango de inflexibilidad o firmeza ajustado según las circunstancias– produce seres humanos que de verdad se pueden describir como si su De natural se hubiese secado y echado a perder. Desde el nacimiento, con ese primer nombre que se convierte en su identidad, los humanos se vuelven aprendices del morir, no de la vida.

No pienses que ser inflexible y firme es una virtud. Los ejércitos quizá ganen batallas con esa táctica, pero con el tiempo incluso ellos son derrotados igual que un árbol rígido acaba por romperse, mientras que el flexible sobrevive a los mayores tempestades si tiene raíces fuertes y profundas. Igual que se dice que los mansos heredarán la Tierra, se puede decir que los que infunden miedo están debajo y la persona tierna está arriba, morando en el De y el Dao.

De Jing 40 (Daodejing 77)

天道 *Tiān dào*

El camino del cielo

El cielo tiene su camino: es como abrir un arco.

(Si) más alto, (el cielo) lo mantiene abajo, (si) más bajo, (el cielo) lo compensa.

El cielo tiene su camino: reducir lo excesivo así como compensar lo insuficiente.

El hombre tiene su camino: recibir y tener de sobra.

¿Quién es el hombre capaz de tener excedente y usarlo para ofrecérselo al mundo?

Solo la persona que tiene el camino.

Es porque el sabio actúa sin depender de logros alcanzados y sin embargo no mora (por lo que) no desea parecer digno.

Glosa de *El camino del cielo*

Cuando el principio masculino (Cielo) entra en funcionamiento, actúa igual que un arquero que empuña un arco, enfocándose siempre sobre los objetivos de la Fuerza de la Vida y eliminando las insuficiencias y excesos de la cognición, debidos a los venenos de la identidad.

El ser humano tiene su camino samsárico, que es ajeno al

Camino, y su impulso constante de codicia es eliminar lo que su identidad considera insuficiente, orientando toda su conducta al exceso. Y ni siquiera en este exceso es generoso; solo da lo que no necesita o lo que se siente presionado a dar, debido al condicionamiento de la moral social y religiosa.

¿Quién es capaz, entonces, de tener un excendente no buscado y emplearlo para ofrecérselo a los seres sintientes del mundo? Solo la persona que marcha por el camino del De, que es el entusiasmo de la expresión de la Fuerza de la Vida por parte del principio masculino. Podríamos preguntarnos, en tal caso, por qué el sabio es diferente. Es porque actúa de acuerdo con el De y no tiene expectativas ni un sentido de triunfo en los logros que ha alcanzado. Al mismo tiempo, evita todo aquello que apunta a su dignidad, prefiriendo siempre estar en un segundo plano. Esa es la marca de un sabio del De y un maestro del Dao.

De Jing 41 (*Daodejing* 78)

任信 *Rèn xìn*

Responsabilidad y confianza

En el mundo entero no hay nada que ceda tanto ni sea tan delicado como el agua, y aun así un atacante firme y esforzado no es capaz de triunfar (sobre) ella; esa es la razón por la que carece por tanto de intercambio.

Lo delicado es victorioso sobre lo inflexible, lo flexible es victorioso sobre lo firme, todo el mundo lo sabe, no hay nadie capaz de hacer(lo).

Hay muchos sabios que usan (la expresión) "sufrir la desgracia por un país se llama ser un caballero; aceptar lo no auspicioso por un país es actuar como soberano del reino".

Las palabras justas parecen ser lo contrario.

Glosa de *Responsabilidad y confianza*

Laozi vuelve aquí a un tema recurrente, la falta del flexibilidad de los que no ceden. Igual que es cierto que ninguna sustancia material puede sustituir al agua, podemos decir que ningún comportamiento humano se puede trocar por la cualidad de ceder que no es débil. Decimos que no es débil, pues contiene los principios de la Fuerza de la Vida.

Sin embargo, nadie que no sea un hombre o mujer del Dao puede alcanzar ese estado, porque sus identidades son fuertes. La única solución por tanto es disolver la conducta del camino que está envenenado entendiendo el De, empleando 積極性, *jī jí xìng*, la contención respecto del comportamiento incorrecto, sin usar la mente sino tocando la verdad del De al menos con cognición libre de identidad. Luego, con las contemplaciones del De uno puede remediar la armonía y equilibrio entre la expresión activa del principio masculino y la cognición mediante el entusiasmo vigoroso, 熱心, *rè xīn*, abriendo la puerta a las contemplaciones posteriores y entendiendo la unión de los principios masculino y femenino con 神, *shén*, el espíritu de la Fuerza de la Vida.

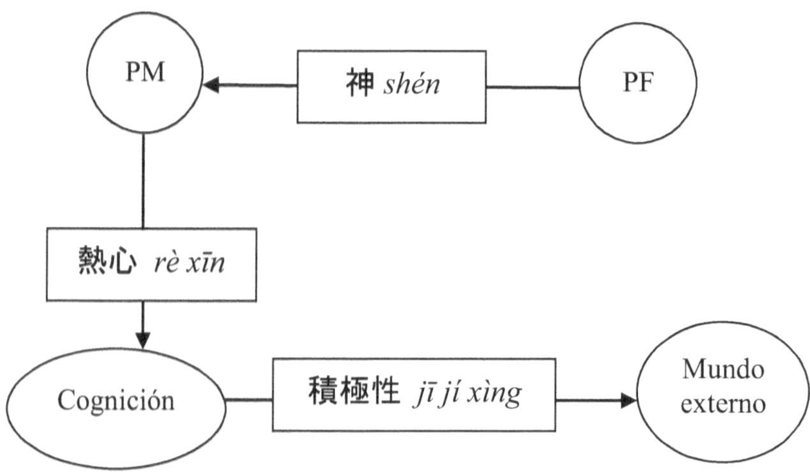

Muchos sabios sostienen que asumir la responsabilidad, pero no la culpa, de los fallos de su grupo, tribu o nación lo convierte a uno en un señor, una persona noble. Pero cuánto más grande es no esperar a los momentos de desastre y calamidad y asumir la responsabilidad por los problemas futuros antes de que surjan. Eso es lo que le hace a uno un verdadero soberano o guía de cualquier grupo, tribu o nación; hace que sea no solo noble sino correcto en cuanto al camino del De y el Dao.

De Jing 42 (*Daodejing* 79)

任契 *Rèn qì*

Presidir sobre la responsabilidad

Si (uno parece) apacible (aunque) con gran inquina habrá abundancia de inquina; recompensar la inquina con virtud, ¿cómo se puede tomar por bueno?

Por tanto el sabio toma la parte izquierda del contrato y no le reprocha nada a la gente.

Tener virtud prevalece sobre el pensamiento armonioso y la aspiración es no tener virtud que prevalezca sobre la destrucción (del hombre).

El camino del Cielo es no favorecer, está constantemente junto con la gente de virtud.

Glosa de *Presidir sobre la responsabilidad*

Podemos preguntar qué es lo que preside sobre esta responsabilidad que no es culpable: es la respuesta del principio masculino dc la Fuerza de la Vida, que recompensa la inquina con virtud.

Eso va un paso más allá de la ética cristiana de ofrecer la otra mejilla, una propuesta que normalmente provoca una reacción de rechazo; algunos hacen como si lo creyeran, pero en realidad pocos actúan de esa manera. ¡Cuánto más difícil no será entonces recompensar la inquina con tu propia virtud!

Las religiones están repletas de ideas sobre el perdón, pero uno tiene que asir de verdad ese contrato izquierdo, el extremo del bambú que se desprende de toda idea de venganza. Uno debe generar, por el contrario, pensamiento y aspiración armoniosa; cuando se logra, no hay lugar para las acciones o pensamientos destructivos de ningún tipo y la Fuerza de la Vida sale beneficiada.

El camino del principio masculino de expresión de la Fuerza de la Vida es no favorecer a nadie en particular, pero eso también supone no actuar en contra de nadie. Eso es realmente difícil, porque la identidad se aferra al favor. Esto no quiere decir, sin embargo, que uno no actúe como establece el De: el De mismo actúa en favor de la Fuerza de la Vida, que incluye el propio ser aparente, toda la progenie, la tribu teórica y todo lo que es natural.

De Jing 43 (*Daodejing* 80)

獨立 *Dú lì*

Estar de pie solo

Un estado pequeño con poca gente.

Tienen una décima parte de los condes y sus herramientas, pero no las usan; hacen que la gente sea seria respecto de la muerte pero no cambian su residencia.

Aun teniendo barcos y carros, nadie los usa, aun teniendo armaduras y armas, nadie las despliega.

Hacen que la gente anude las cuerdas otra vez y las use.

Su comida es dulce, sus ropas hermosas, sus hogares serenos y están contentos con sus costumbres.

Los estados vecinos se miran el uno al otro, oyen el cacareo de las gallinas y los ladridos de los perros del otro, su gente se hace mayor y llega a la muerte, ninguno visita al otro.

Glosa de *Estar de pie solo*

Si Laozi ponía tanto énfasis en los peligros de la sobrepoblación en los grandes estados, que provoca ruptura y separación entre las personas, ¿cómo vería el estado trágico de la población actual, desprovista de la noble comunicación del De y el Dao entre sus miembros? Estamos hablando por tanto del peligroso fantasma destructivo de la identidad nacional y cultural.

Los antropólogos culturales han calculado que el tamaño máximo para que una comunidad resulte viable está en torno a las mil personas, divididas a partes iguales entre mujeres y hombres, ya que las diferencias de identidad, lengua y religión dan pie a una deshumanización del otro, al que se le considera inferior. Semejante etnocentrismo, que se encuentra en todas las sociedades, se opone diametralmente al De. Ya no es posible mantener el modelo del "pequeño estado con pocas gentes", puesto que hemos pasado el punto de no retorno. ¿Qué solución hay? La única posible es propiciar un renacimiento del Dao natural y sobre todo del De en la mente de todos los seres humanos.

Laozi sugiere que haya una décima parte de condes, y eso sin que utilicen las herramientas de su posición. Ahora, el mundo está sobrecargado de condes y sus herramientas y, lo que es peor, circula el mito del ascenso social que fomenta el deseo de llegar a su misma altura. El mayor problema al que se enfrenta el mundo, sin embargo, es la elaboración e importancia de los "barcos y carros", las "armaduras y armas" –marcas de la degeneración imperante, orientada al consumo, a lo ancho y largo de esta sociedad. En nuestros días, Laozi probablemente añadiría a los medios de comunicación sin De ni Dao como uno de los mayores peligros para la Fuerza de la Vida. En un mundo del Dao, aunque hubiera armas y armaduras, nadie las desplegaría.

¿Puede volver el mundo al ideal utópico de Gandhi de industria doméstica en la que se emplean nudos y cordeles? La codicia de la identidad no lo va a permitir, tal como se puede comprobar en la India, donde tras su muerte las estatuas de Gandhi yacen por los suelos en los parques consagrados en su nombre. Laozi plantea una cuestión que podemos preguntarnos hoy: ¿son dulces nuestros alimentos, hermosas nuestras ropas, serenos nuestros hogares y alegres nuestras costumbres? Estamos en un mundo de abundancia y de sufrimiento en camino a la autodestrucción. Nuestros alimentos están adulterados, nuestra indumentaria sirve al orgullo y la arrogancia en vez de su función; nuestras casas nunca nos satisfacen y siempre andamos en busca de mayor confort y riqueza; nuestras costumbres son egocéntricas y destructivas. La falta de la verdadera humanidad del De que Laozi lamentó ha crecido hasta tales proporciones que quizá, si reflexionamos en profundidad, cada uno nos sintamos avergonzados ahora de ser parte de lo que llamamos, con orgullo infundado, la raza humana.

De Jing 44 (*Daodejing* 81)

顯質 *Xiǎn zhì*

La naturaleza manifiesta

Las palabras verdaderas no son hermosas, las palabras hermosas no son verdaderas.

La persona virtuosa no disputa, quien disputa no es persona virtuosa.

La persona consciente no se extiende, la persona que se extiende no es consciente.

El sabio no acumula, pues al hacer por la gente tiene más para sí ya que al estar junto a la gente él mismo tiene mucho en mayor grado.

El Cielo es el camino, beneficia y no daña; el sabio es el camino, actúa pero no disputa.

Glosa de *La naturaleza manifiesta*

Este es el último capítulo del *De Jing*, el libro de De. Quizá sea útil para nuestra introspección personal preguntarnos qué expectativas teníamos cuando decidimos leer el texto de Laozi. La mayoría de las veces es para examinar intelectualmente; en segundo lugar, con la esperanza de que las palabras nos resulten agradables, es decir, que no presenten problemas de verdad en términos de violar los deseos y el apego de la identidad.

La mayoría de las personas quiere el fruto del Dao y el fruto del *samsara*, cuyo veneno les pasa desapercibido. Si están equivocados quieren que todo se presente de manera aceptable, a través de un prisma de color rosa. El problema es que la identidad convierte con facilidad lo inaceptable en aceptable mediante la manipulación de las palabras y la disonancia cognitiva. Si uno es capaz de aceptar la verdad pura y dura, hay una oportunidad para un auténtico cambio que sea beneficioso. Si no, el fango acabará por ahogar todas las cualidades humanas que ni siquiera se han liberado todavía.

La persona que por lo menos entiende que la virtud no consiste en una mera adhesión de boquilla no se resiste ni rechaza la virtud natural; lo mismo ocurre con la persona que es extensa, es decir, demasiado amplia en alcance o contenido. Cuando la mente es extensa, la percepción no consigue captar el detalle sutil pero importante. Entonces los tiernos brotes de la virtud se pierden en la maleza; la maleza, entre los árboles; y los árboles, entre el bosque.

El camino fundamental que más cuesta aceptar y poner en práctica es la sencillez de una vida que no agarra ni se aferra a las posesiones. Está claro que hoy día asistimos a un fenómeno de globalización, pero el mayor de los problemas es la globalización de la codicia, condicionada y reforzada por los procesos del mundo consumista. El que se entrega sin retener, el que no resiste ni guarda rencor, el que no juzga con la mente manchada y sigue al Dao natural está unido a toda la gente y a todo lo que es natural, en vez de a las costumbres o mandamientos mentales.

La expresión del De del principio masculino es el camino, y no hace daño sino que beneficia a todos los seres vivos. Pero cuidado, porque estamos hablando de los seres sintientes como totalidad, no del beneficio de los individuos; es una distinción sutil, pero fundamental. Así pues, en el caso del sabio nunca hay disputa con el mundo o con los aparentes individuos que lo pueblan, más allá de la que pueda suscitar el Dao en forma de conflicto natural.

老子道經

EL LIBRO DEL *DÀO* DE LAOZI

Una vez uno ha completado su comprensión del De, la virtud, se dirige al maestro en busca de enseñanzas y guía en el camino del Dao. Este camino del Dao es naturalmente mucho más complejo y difícil de comprender que el camino del De, porque tiene que ver con la naturaleza del principio fememino como base de la expresión masculina; sin embargo, al probarlo directamente, uno encuentra la belleza de su verdadera sencillez oculta.

Yo enseño el camino integral de la unidad con el gran Dao misterioso. Mis enseñanzas son sencillas; si intentas convertirlas en una religión o una ciencia, se te escaparán; profundas, aunque simples, contienen toda la verdad del universo.

Quienes desean conocer toda la verdad realizan con alegría los trabajos y servicios que les llegan. Cuando los han acabado, se limpian y alimentan con alegría. Una vez se han ocupado de los demás y de sí mismos, se dirigen al maestro para instruirse. Este camino simple conduce a la paz, la virtud y la abundancia.

Laozi, *Huahujing*

Dao Jing 1 (*Daodejing* 1)

體道 *Tǐ dào*

Encarnar el Dao

El Dao que se puede decir no es el Dao eterno.

El nombre que se puede nombrar es el nombre no constante.

De lo sin nombre brotaron el Cielo y la Tierra; de la Madre, diez mil cosas tienen nombre.

Por tanto, constantemente no tengas deseo para contemplar su sutileza; constantemente ten deseo para contemplar su límite.

Ambos (deseo y no-deseo) surgen juntos y tienen nombres diferentes; se dice de ellos que son misteriosos y profundos.

Misterio dentro del misterio; las muchas sutilezas son el portal.

Glosa de *Encarnar el Dao*

Incluso el pensador más superficial tendrá claro que las palabras no son nada más que descripciones y no se puede asumir de ninguna manera que representen verazmente los fenómenos; en el mejor de los casos, se las puede tomar por un equivalente lógico. La situación se vuelve aún más difícil cuando los fenómenos en cuestión son experiencias que trascienden la comprensión e incluso la sensibilidad fisiológica del ser humano.

Por eso mismo, no podemos afirmar que cualquier nombre que le demos a un fenómeno sea su verdadero nombre.

De este Dao nombrado e inaccesible surgieron todos los fenómenos aparentes; en nuestra visión de conjunto, aunque ilusoria, vemos que surgió un principio pasivo, que podemos entender como el programa base, y un principio activo que permite la transformación del programa en acciones aparentes; son estos dos principios los que designamos como Cielo y Tierra. La capacidad de dar nombres nació de la evolución de los procesos de articulación; a eso le llamamos la Madre, pues fue a partir de esta articulación de sonidos como se realizó el reconocimiento entre sonidos y fenómenos, de manera que con el tiempo a cada forma se le dio un nombre, y por tanto desde entonces cobró existencia.

Ese nombramiento, junto con la conjunción de percepción y cognición, dio pie a la identidad; luego, el deseo y el apego se unieron a esa identidad. Eso supuso una evolución no beneficiosa para el Dao, pero lo suficientemente potente como para no extinguirse. Por tanto, con nuestra comprensión actual, sabemos que debemos estar constantemente sin deseo en nuestras actitudes, intenciones y acciones potenciales; sin embargo, debemos estar conscientes a la vez de ese impulso cognitivo a desear la posesión para que podamos ver su utilidad como herramienta, pero negar sus consencuencias erróneas, conociendo cabalmente sus límites.

Es evidente que el deseo y el no-deseo que es natural tienen la misma raíz, aunque les demos nombres distintos; lo único es que se han separado el uno del otro mediante la evolución y por nuestra facilidad para nombrar las formas. Tomados juntos, se dicen que son abstrusos, sutiles y profundos; y cuando se los observa con una conciencia más allá del intelecto mundano, cuanto más entramos en los misterios de su existencia –para los

que debemos emplear nombres y formas– más son los misterios
que encontramos.

Dao Jing 2 (*Daodejing* 2)

養身 *Yǎng shēn*

El sostén de la persona

Todo el mundo reconoce lo atractivo como atractivo; eso es repulsivo después.

Todo el mundo reconoce lo bueno (virtud) como bueno; eso es no-bueno después.

Existir y no (existir) llegan a ser mutuamente; difícil y fácil se completan el uno al otro; largo y corto se forman el uno al otro; arriba y abajo se llenan el uno al otro; ruido y voz se mezclan mutuamente; pasado y futuro se siguen el uno al otro.

Todos se juntan permanentemente.

Por consiguiente, el sabio mora en la no-acción en sus asuntos e imparte enseñanzas sin hablar.

Diez mil cosas se ven pero no se empiezan, se crean pero no para tener, se hacen pero sin depender, los logros se alcanzan pero sin morar (en ellos).

Solo un hombre que no mora no se aleja por tanto (del mérito natural).

Glosa de *El sostén de la persona*

Todo el mundo tiene una valoración de lo que es atractivo como experiencia; una vez que se ha establecido este criterio, todo lo demás se vuelve no-atractivo o repulsivo. De igual manera, cada uno tiene su valoración de lo que es bueno, es decir, de la virtud, y eso también determina automáticamente lo que es no-bueno o malo.

La ilusión de que existimos crea automáticamente el concepto de que debe haber algo que no existe, y así se ve que lo difícil genera inmediatamente lo fácil; también ocurre así con lo largo y lo corto, dos evaluaciones que se crean la una a la otra. Lo superior y lo inferior ocupan su lugar en cuanto se juzgan y lo que es ruido se convierte en voz cuando resulta inteligible; el futuro fluye y los mismos acontecimientos rápidamente se convierten en pasado. Todas las cosas las une indisolublemente la mente creativa de una forma u otra.

Esta división arbitraria de la realidad aparente en fenómenos supuestamente distintos causa gran sufrimiento; por eso, el sabio no invierte su energía en tales cosas y reside en un estado de no-acción, que es actividad sin pensamientos cognitivos que no sean herramientas útiles de verdad. Por eso, en la medida de lo posible también imparte sus enseñanzas sin palabras.

En su caso, todo se contempla pero sin atribuirle existencia ni fijarlo como real para que la identidad no pueda sujetar u obtener nada. El sabio puede actuar por tanto sin depender de las ilusiones. Como sus logros son insustanciales, su mente no se recrea en ellos; sin embargo, su mérito de verdad sigue presente en él. Por tanto, la persona que no reside en las ilusiones es la única que no se aleja de los procesos fundamentales del Dao.

Dao Jing 3 (*Daodejing* 3)

安民 *Ān mín*

Traer calma a la gente

No valorar a la persona digna hace que la gente no compita.

No tener bienes preciosos difíciles de obtener hace que la gente no se comporte como ladrones.

No permitir que aparezca el deseo hace que la gente no tenga mentes agitadas.

Por tanto el sabio, a fin de curar, vacía sus mentes, consolida sus estómagos, debilita sus ambiciones y fortalece sus huesos.

Siempre hace que la gente no tenga que saber y no tenga deseo.

Hace posible que el hombre sepa con sabiduría y no se atreva a actuar.

Actúa sin acción; por eso, ninguno se queda sin dirigir.

Glosa de *Traer calma a la gente*

Si uno no valora a la gente digna, los demás no competirán entre sí por ser los más dignos. Si a los objetos no se los tiene por preciosos y escasos, la gente no robará. De la misma manera, si uno no percibe que las cosas sean deseables, la gente no incurrirá en ninguna forma de agitación egoísta en sus mentes.

Por tanto, a fin de curarlos, el sabio vacía sus mentes, consolida su comprensión interna del Dao, debilita sus ambiciones y fortalece sus actitudes, intenciones y acciones rectas, sin deseo. Siempre hace posible que la gente esté libre del aprendizaje y el deseo. Eso produce personas que tienen la sabiduría de conocer, aunque con la comprensión del *wuwei*; por eso actúan sin excesos cognitivos, lo cual beneficia a todos. En ese caso, los rige la Fuerza de la Vida y crecen y viven correctamente en su lugar natural.

Dao Jing 4 (*Daodejing* 4)

無源 *Wú yuán*

Sin origen

El Dao está vacío así como usado, quizá nunca se llena.

Es un abismo, ¡ah!, parece ser el ancestro de todas las cosas.

Embota su agudeza; entiende su confusión; armoniza su luz con su polvo.

Profundo, ¡ah!, parece que quizá siempre ha existido.

No sé cuál es el hijo (el Dao o la naturaleza del Dao); su unidad apareció primero.

Glosa de *Sin origen*

El Dao está vacío pero se usa continuamente y debemos contemplar la idea de que quizá nunca se pueda llenar. Aparece como si fuera un abismo y es, sorprendentemente, el ancestro de todas las cosas. Uno debe embotar su aparente agudeza, entender su aparente caos y armonizar la luz del Dao con el camino mundano de este mundo que es el *samsara*.

Sorprendentemente, el Dao es profundo y parece como si siempre hubiese existido; no sabemos si el Dao o la naturaleza del Dao son el hijo; sin embargo, la unidad del Dao es claramente la de la existencia anterior.

Dao Jing 5 (*Daodejing* 5)

虚用 *Xū yòng*

Usar sin contenido

El Cielo y la Tierra no son benevolentes al usar diez mil cosas que sirven de perros de paja.

El sabio no es benevolente al usar a la gente corriente como si fueran perros de paja.

Entre el Cielo y la Tierra, ¡ah!, ¿acaso no es como si fuera un tubo para soplar al fuego repetidamente?

Carente de contenido aunque sin ceder, en movimiento así como recuperándose para producir más, expresando mucho y a menudo exhausto; sería mejor guardar el centro.

Glosa de *Usar sin contenido*

El Cielo y la Tierra no son benevolentes; por tanto, todas las cosas vivas parecen servir de perros de paja. En consecuencia, el sabio tampoco es benevolente. Por su propia naturaleza, de acuerdo con el Dao, usa a la gente normal como perros de hierba segada.

Entre el Cielo y la Tierra, ¿acaso no parece como la alternancia de un fuelle que está verdaderamente vacío de contenido? Al mover las manillas se queda vacío, pero aparentemente produce más. Igual que un fuelle, el espacio que hay entre el Dao y el *samsara* no manchado expresa muchas cosas, aunque en realidad también está vacío. Al inspeccionarlo, parece que lo mejor es dejar abierto el centro.

Dao Jing 6 (*Daodejing* 6)

成象 *Chéng xiàng*

Completar la expresión

象, *xiàng*, se puede traducir también como la experiencia externa o la expresión de cualquier cosa. Este capítulo se enfoca precisamente sobre la hembra profunda que es la base para la expresión del principio masculino de toda actitud, intención y preparación para responder, así como de la generación de predicciones futuras.

La esencia divina del valle no es inerte; se llama la hembra abstrusa y sutil.

La hembra abstrusa y sutil es el portal; se llama la raíz del Cielo y la Tierra.

Parece seda trenzada que sobrevive; su uso no es diligente.

Glosa de *Completar la expresión*

La esencia divina del valle no es incapaz de moverse ni de resistirse al movimiento y, en consecuencia, se dice que es la hembra abstrusa y sutil (la unidad misma). Siendo así, es el portal tanto al conocimiento inferior como a la conciencia superior y por eso también se le llama la raíz de ambos principios, masculino y femenino, que sobreviven como hilos entrelazados, haciendo posible que la unidad se use sin cuidado cognitivo ni esfuerzo mental sostenido.

Dao Jing 7 (*Daodejing* 7)

韜光 *Tāo guāng*

Ocultar la luz

El Cielo (el Dao) deviene y la Tierra (el *samsara* no manchado) es duradera.

Como resultado, los principios masculino y femenino son capaces de desarrollarse largo tiempo, y no haber desarrollado un "yo" es razón de que puedan devenir y dar a luz.

Es al estar detrás el sabio como su vida y predicamento están en primera línea.

Además su vida así como su predicamento permanecen, no para no tener egoísmo nefasto; es un caso que hace posible su logro personal.

Glosa de *Ocultar la luz*

El Cielo, que es el Dao eterno, brotó a la existencia y, como resultado, la Tierra, que es el *samsara* no manchado, se hizo duradera. En consecuencia, tanto el principio masculino como el femenino son capaces de crecer y de perdurar, porque no han desarrollado un "yo"; esa es la razón por la que son capaces de devenir y también de engendrar.

Por consiguiente, el sabio se queda detrás sin que se lo vea, igual que el Dao, mientras que su vida, como la de la Tierra, se refleja en su situación visible, que ocupa el primer plano en el *samsara* manchado. Además, dentro del *samsara*, su vida y su predicamento social sobreviven constantemente pero él se retira a un segundo plano, aunque no a fin de evitar el nefasto egoísmo de la identidad, que ya se ha desprendido. El sabio es por tanto un ejemplo de hacer posible lo que otros ven como logro personal, aunque en realidad es su logro natural.

Dao Jing 8 (*Daodejing* 8)

易性 *Yì xìng*

Cambiar la naturaleza (o Difundir la calidez
y afabilidad de la perfección natural)

La perfección suprema es como el agua.

La perfección del agua beneficia a diez mil cosas, pero no compite; al residir en lugares que muchos desprecian, es un ejemplo que se compara con el camino.

En el residir, la perfección es la tierra; en la mente la perfección es lo profundo; en el dar la perfección es la benevolencia; en las palabras la perfección es la verdad; en el gobierno la perfección es curar; en los asuntos la perfección es la capacidad; en la actividad la perfección es la oportunidad.

Solo un maestro no compite y es un ejemplo de no tener error.

Glosa de *Cambiar la naturaleza* (o *Difundir
la calidez y afabilidad de la perfección natural*)

La perfección suprema es como el agua, que beneficia a todas las cosas sin disputar con ninguna. Vive en lugares que muchos desprecian, lo que es comparable con su desprecio del camino del Dao, tal como lo perciben.

La perfección de la Tierra (el *samsara* no manchado) se muestra en la manera en que reside en el Dao; la perfección de la mente humana se muestra en su benevolencia; la perfección de las palabras está en su verdad potencial; la perfección en el gobierno a cualquier nivel está en su capacidad de curar; la perfección en llevar los asuntos es su capacidad de producir lo correcto; la perfección en la actividad es su capacidad de ejecutarse en el momento más apropiado.

Solo el maestro, como el Dao y el agua, no compite y es un ejemplo de alguien que no produce errores en su comportamiento.

Dao Jing 9 (*Daodejing* 9)

運夷 *Yùn yí*

(Encontrar) El nivel de aplicación (correcto)

Es mejor parar a tiempo que mantenerlo y llenarlo.

(Como una espada) Nada mantiene su calidad largo tiempo si solo se golpea y afila.

Si uno llena una gran sala con jade y oro, nadie es capaz de vigilarla a la perfección.

La riqueza y el rango, así como el orgullo, dejan calamidades tras de sí.

Cuando uno cumple su tarea es momento de retirarse; ese es también el camino del Dao.

Glosa de *Encontrar el nivel de aplicación correcto*

Hay cierta tendencia de la identidad a obtener lo máximo posible en cualquier iniciativa que da pie a que uno se haga expectativas de completarla y mantenerla de modo que no se pierda nada. Aunque es así como la sociedad ha condicionado al ser humano, ese no es el camino del Dao ni del De. Como dice el refrán, más vale prevenir que curar. Lo más correcto es refrenar cualquier expectativa de completar las cosas; luego, con sensibilidad natural, uno puede permitir que el sistema natural haga su evaluación y encuentre el nivel correcto de aplicación.

Este intenso afán de éxito es exactamente como afilar demasiado un cuchillo, hasta el punto que la ansiedad por triunfar puede obcecarse y hacer que el cuchillo resulte prácticamente inútil, desgastado de tanto afilarse, con lo que se desperdicia su eficacia. La pregunta es por qué tiene el ser humano tanta ansia, hasta el punto que sus intenciones, acciones y su misma mente están en constante agitación. Es por inseguridad, junto con la noción equivocada de que la posesión incrementa la seguridad. ¿Quién puede robar de la persona que no tiene ni necesita nada más que lo que puede usar? En cambio, qué fácil es robar de quien tiene más de lo que puede atesorar y teme perderlo.

¿Cuál es la tarea que se debe cumplir según este capítulo? Es la integración de la cognición equilibrada y armoniosa, libre de identidad, con la expresión masculina de la Fuerza de la Vida. Laozi nos advierte que no deberíamos intentar usar la inteligencia cognitiva aguda para alcanzar esa diana, puesto que esos logros no se pueden mantener. Deberíamos saber cuándo parar la conciencia cognitiva en su impulso de alcanzar la meta y no intentar sobreextender su uso como herramienta. También nos recuerda que deberíamos vigilar la tendencia a apegarnos a los frutos mundanos mientras estemos en el camino del Dao, ya que carecen de valor real y no se pueden guardar de verdad. Deberíamos tener una conciencia lúcida del error que supone la gran trampa del orgullo por nuestra condición y recursos tal como los perciben los demás.

La ventaja de esta sutileza radica en el hecho de que hay una señal homeostática interna y natural que está disponible al final de cada logro particular, y que quienes disfrutan de mentes libres de impedimentos pueden emplear para mantener el nivel correcto de comportamiento.

Dao Jing 10 (*Daodejing* 10)

能為 *Néng wéi*

La capacidad de devenir

¿Se puede llevar y nutrir la vida, abrazar la unidad y ser capaz de no dejar (ese estado)?

¿Puede uno concentrarse en la Fuerza de la Vida que aporta flexibilidad y energía como si fuese un bebé?

¿Puede uno limpiar y eliminar la reflexión lejana y oscura y ser capaz de no tener mancha?

¿Puede uno ser benévolo con el estado y curar a la gente y ser capaz de no tener acción (*wuwei*)?

¿Puede uno abrir del todo la puerta del Cielo y ser capaz de tener lo femenino?

¿Puede uno comprender los cuatro logros y ser capaz de no tener conocimiento?

Glosa de *La capacidad de devenir*

La vida se puede vivir y alimentar sin alejarse de la visión natural y correcta del *samsara* ni de la asociación natural con la unidad de los principios de la Fuerza de la Vida. Eso le permite a cada persona hacerse flexible, desamparado en apariencia como un recién nacido sin cognición manchada, pero con una fuerza y dirección internas que son correctas y llenas de energía. Hay que apartar el reflejo misterioso, lejano y oscuro del mundo del *samsara* visto desde la identidad, y eso es algo que se puede conseguir sin ser víctima de los repetidos ataques de esa identidad. Una meditación como la *vipassana* budista, igual que las meditaciones de absorción del De que acompañan a la vigilancia, despeja todos los síntomas pero no elimina la amenaza constante de la identidad; sin embargo, la identidad se extingue por completo al entrar en la unidad de los principios masculino y femenino, que se encuentra en las contemplaciones del Dao.

Cuando se consigue esta unidad, el principio masculino filtra todas las intenciones y acciones de manera que se experimenta la alegría por los demás, la compasión y la benevolencia, al tiempo que se alimentan las acciones correspondientes. Al confiar en la verdadera naturaleza del De y Dao, la acción se puede llevar a cabo sin que medie la mente consciente controladora (*wuwei*).

Una vez unidos, los principios masculino y femenino no permiten la experiencia completa de la unidad con los elementos pasivos del principio femenino (función, esencia y forma no discriminativa). ¿Se puede abrir del todo el portal del Dao para que no haya impedimentos a la interacción entre el principio masculino y la cognición, ni entre la cognición y las respuestas aparentes correctas al mundo exterior? La respuesta es que sí, claro que se puede.

Como se ve, hay cuatro logros posibles. ¿Se pueden alcanzar sin conocimiento? Claro que sí, dado que el conocimiento intelectual, cuando se convierte en maestro en vez de servir como herramienta, es un impedimento considerable.

Dao Jing 11 (*Daodejing* 11)

無用 *Wú yòng*

Usar el no-ser

La primera comprensión en el camino de adquirir los logros: el logro de apartar las impurezas del *samsara* mundano: liberarse de la creencia en la personalidad y del apego a la existencia sustancial de la mera función cognitiva (*sotapanna*).

Treinta radios se reúnen para formar una rueda, pero es su no-ser (el cubo de la rueda) lo que se usa para que el carro se desplace.

Se mezclan agua y arcilla para hacer una vasija, pero es su no-ser (el hueco que contiene) lo que hace útil a la vasija.

Se recortan puertas y ventanas para hacer una habitación, pero es su no-ser (el espacio que abarca) lo que hace útil a la habitación.

Por tanto, usa el ser (el fenómeno) como ventaja y el no-ser como función.

Glosa de *Usar el no-ser*

Los radios se juntan para formar una rueda, pero ellos mismos no se usan para transportar nada en el carro. Su uso es secundario respecto del espacio vacío del carro, que es útil y tiene su función. De igual manera, uno puede hacer utensilios con arcilla y agua, pero aunque se puede decir que se usan las vasijas, en realidad es el espacio vacío que forma la vasija el que tiene utilidad. Incluso cuando se colocan puertas y ventanas en un muro para cerrar los espacios a efectos de protección y privacidad, son solo los espacios los que tienen función. Podríamos afirmar que las puertas y ventanas tienen la función de sellar, pero no es así; no son más que un sustituto funcional de una barrera sólida.

Estos fenómenos tienen la ventaja de que se pueden observar y, por tanto, se pueden emplear al describir cosas y comunicarse, de manera que se puede decir que usar su ser aparente constituye una ventaja; pero la función siempre reside en su no-ser.

¿Por qué hace falta reconocerlo y estar siempre conscientes de ello? Porque es muy fácil desear y apegarse a un fenómeno, pero casi imposible hacerlo con su función. Quizá parezca una distinción trivial, pero resulta esencial en la batalla contra la identidad.

Dao Jing 12 (*Daodejing* 12)

檢欲 *Jiǎn yù*

El análisis del fuego de los sentidos

La segunda comprensión en el camino de alcanzar los logros: el logro de la cognición purificada: liberarse de todo deseo y ansia.

Los cinco colores hacen que los ojos de la gente se cieguen; los cinco tonos hacen que los oídos de la gente sean sordos; los cinco sabores hacen que el paladar de la gente se equivoque; correr con prisas hace que la gente se vuelva loca; los bienes difíciles de obtener hacen que la gente actúe y haga daño.

Por tanto el sabio gobierna su estómago y no sus ojos; es un ejemplo de dejar éstos para tomar aquél.

Glosa de *El análisis del fuego de los sentidos*

En Laozi, igual que en el Dharma, hay un continuo antagonismo entre la naturaleza gobernada por la Fuerza de la Vida y la identidad en manos de la mente dual. Es muy fácil ser víctima de estos sentidos cuando la mente, por vía de la volición, crea sensaciones, emociones y pensamientos con promesas de felicidad. Es difícil ver que esta felicidad es falsa y, como consecuencia, cuando hay sufrimiento existe una tendencia a ver el equilibrio de sufrimiento y felicidad, concluir que "De acuerdo, la felicidad vale la pena" y aceptar el sufrimiento.

El sabio evalúa la situación de manera totalmente diferente: pone el sufrimiento y la falsa felicidad a un lado de la balanza y, en el otro, la verdadera alegría, la compasión, el afecto benevolente y la ecuanimidad que acompañan a las actitudes, intenciones y acciones rectas. Naturalmente que no lo hace con su mente sino con su propio sistema, pues confía en la naturaleza del Dao; por consiguiente, no tiene que pensar qué es correcto o incorrecto. Como es un hombre o mujer del Dao, siempre está en el camino del Dao y lo que para otros son tentaciones, para él no lo son.

Es evidente que cualquier estímulo externo que irrita los receptores sensoriales solo refleja alguna característica de las aparentes condiciones externas. Esa información es útil para el sistema en el funcionamiento cognitivo. Si no hay equilibrio y armonía con el principio femenino mediante la acción del masculino, la identidad domina y una manta virtual cae sobre cualquier equilibrio y armonía. Así es como podemos considerar que los tres sentidos que se mencionan están ciegos, sordos y equivocados; lo mismo vale para el olfato y el tacto, aunque no se los mencione.

Aunque podemos señalar estas consecuencias negativas y pensar que su causa es la identidad, sabemos que el concepto de identidad no es más que la cosificación de grupos complejos de patrones de comportamiento que producen actitudes, intenciones y preparación para responder comunes, pero en conflicto con el sistema natural del Dao. Laozi señala dos factores aquí: correr con prisa y percibir los fenómenos como si tuvieran valor cognitivo intrínseco. La identidad visceral que ansía la felicidad visceral del confort teme perder esa felicidad, así que se dedica a ganar y proteger el confort; de ahí su prisa. El impulso de identidad de discriminación se orienta a apegarse a la felicidad de la seguridad, que también quiere obtener rápidamente y mantener. El impulso de identidad que exige que los objetos percibidos sean sustanciales y reales le permite por tanto a la cognición establecer el valor de cada fenómeno según las discriminaciones realizadas. Todo esto se procesa y exagera en la cognición de modos y maneras que son totalmente ajenas al Dao.

El sabio, al entender todo esto a un nivel más profundo que el intelectual, deja que sea la base de su conocimiento interno, moderada por el principio masculino y no la cognición, la que gobierne sus actitudes, intenciones y conducta presente y futura. Así pues, abandona lo que es externo a fin de guardar lo interno.

Dao Jing 13 (*Daodejing* 13)

厭恥 *Yàn chǐ*

Aborrecer la desgracia

El tercer entendimiento en el camino de alcanzar los logros: la expresión de la Fuerza de la Vida: al quedar plenamente libre, uno ya no está en la esfera del deseo sensual y por tanto se orienta hacia los demás, usando el cuerpo noble para servir al mundo.

El favor y el oprobio traen sobresaltos; el gran sufrimiento se debe tratar con respeto como el cuerpo.

¿Por qué hablar del favor y la desgracia como si adoptaran (una actitud de) alarma?

Los favores traen un declive, tener que obtenerlos trae alarma, perderlos trae alarma: se dice que el favor y la desgracia traen alarma.

¿Por qué hablar de tu gran sufrimiento como (si fuera) el cuerpo?

Tenemos por tanto gran desgracia (sufrimiento) porque tenemos un cuerpo y, si no tuviéramos un cuerpo, ¿cómo podría existir la desgracia?

Un ejemplo noble de usar el cuerpo para el mundo y parecer capaces de que se nos encomiende el mundo.

Al ser apto usando el cuerpo para el mundo, uno parece capaz de confiar en el mundo.

Glosa de *Aborrecer la desgracia*

Cuando uno recibe un favor, hay ansiedad de que ese favor no se repita o se pierda, y cuando aparece la desgracia también hay gran ansiedad; está claro por consiguiente que tanto el favor como la desgracia suscitan la alarma de la identidad. Igual que respetamos con gran cuidado el cuerpo y sus respuestas a la enfermedad, así debemos prestar atención con respecto a la calamidad, que es una señal de que nuestros procesos no han respondido bien a una situación. Es solo al respetar los errores sin miedo al error en sí como se pueden corregir las cosas.

¿Por qué sentimos una gran desdicha, que es sufrimiento, cuando sobreviene una desgracia? Es porque vemos el objeto de ese sufrimiento como si fuéramos nosotros, de igual manera que vemos el cuerpo como si la identidad lo poseyera. Si no creásemos para empezar la idea de un cuerpo personal y separado, la mente que parece sufrir también desaparecería. Igual que no sentiríamos dolor o desgracia para el cuerpo si ese cuerpo no existiese como fenómeno mental, el sufrimiento mental también dejaría de existir, pues se basa en la creencia errónea de que poseemos una mente y, es más, que esa mente está contenida en nuestro cuerpo.

Si apartamos la identidad, la Fuerza de la Vida da paso al uso natural de la ilusión de ambos, mente y cuerpo, al servicio de esa Fuerza de la Vida, que incluye a los demás y a todos los seres vivos, junto con todo lo que sostiene esa vida. En ese caso, dejamos de ser un individuo centrado en sí mismo y vemos que la individualidad no es más que una herramienta. Cuando de verdad usamos el cuerpo para el mundo y no para nosotros mismos, se nos puede confiar ese mundo y, naturalmente, hay una acción recíproca por la cual podemos confiar en el mundo a nuestra vez, bajo los auspicios del Dao. Es así como desaparecen tanto el favor como la desgracia.

Dao Jing 14 (*Daodejing* 14)

贊玄 *Zàn xuán*

Alabar lo misterioso

El cuarto entendimiento en el camino de alcanzar los logros: alcanzar la unidad con el misterioso principio femenino; la eliminación de todo deseo de mundos de existencia material sutil, del deseo de no-existencia inmaterial, del orgullo, la inquietud y la ignorancia.

1) *Es el "no ser" el que es el componente esencial y por eso es el guía* (*Dao Jing* 11): la persona se libera por tanto de la creencia en la personalidad y del apego a la existencia sustancial de la función meramente cognitiva y alcanza el logro de apartar las impurezas del *samsara* mundano.

2) *El sabio se ocupa de su estómago y no de sus ojos, por tanto deja el uno pero toma el otro* (*Dao Jing* 12): se libera por tanto de todo deseo y alcanza el logro de la cognición purificada.

3) *Al ser apto para usar el cuerpo para servir al mundo, parece que a uno se le podría encomendar el mundo* (*Dao Jing* 13): se libera por completo en la esfera del deseo sensual y por tanto se orienta a los demás, usando el cuerpo noble para servir al mundo, y gana el logro de la expresión de la Fuerza de la Vida.

Si es capaz de desarrollar estos tres atributos tratados en los tres capítulos anteriores, entonces la persona que está en el camino del Dao está preparada para el cuarto logro.

Al mirar, no aparece; (su) nombre hablado es lo suave; al escuchar, no se oye; (su) nombre hablado es el devenir

silencioso; al darle vueltas en la mano, no se adquiere; (su) nombre hablado es lo sutil.

Los tres (lo suave, el devenir silencioso, lo sutil) no pueden dar pie a investigación y son la causa de que se mezclen y hagan uno.

Su arriba no es brillante, su abajo no es oscuro.

Infinito, incapaz de ser nombrado, vuelve a su estado original regresando a la naturaleza.

Se dice que no tiene condición, es la condición; que no tiene materia, es la forma; se dice que es "lo repentinamente indefinido".

Se le puede dar la bienvenida sin ver su cabeza, se le puede seguir sin ver su espalda.

Capta el antiguo camino y aprovecha en consecuencia su presente existente.

Sé capaz de conocer el principio antiguo, se habla (de él) como la edad de la verdad (Dao).

Glosa de *Alabar lo misterioso*

Sabemos que las palabras no pueden describir el Dao eterno, y sin embargo lo hemos llamado el Dao, 道, *dào*, que refleja el principio, 理, *lǐ*, el camino, 迳, *jìng*, y lo hablado, 话, *huà*, es decir, el principio interno que es femenino, el principio masculino que es el camino y la cognición expresada.

Nuestros sentidos reciben la irritación de todos los fenómenos del Dao. Aunque si miramos no podemos ver el Dao, lo llamamos "suave", en el sentido de que al no tener identidad carece de obstrucciones o dificultades; igualmente, al escucharlo lo llamamos "devenir silencioso" y al tocarlo solo lo podemos llamar "sutil"; Laozi no incluye descripción alguna de su olor o sabor, porque los tres primeros sentidos son los más importantes para la supervivencia de la Fuerza de la Vida. Piénsalo. ¿Cómo describirías el olor y sabor sin caer en la trampa de los nombres?

Estos sentidos, con ser importantes, no se pueden examinar hasta el punto de revelar el Dao, pues su función es unificarse como herramienta, fundiéndose en uno solo en el sentir cada fenómeno. El Dao no se puede reconocer y, a pesar de ello, la unidad que proporciona en la fusión de estos sentidos que construyen la cognición junto con los principios masculino y femenino sigue estando presente en cada uno hasta la muerte.

Se nos aconseja por tanto que captemos el antiguo camino –no la vía que presentaron los antiguos que estaban equivocados– y uncir la unidad antigua con el presente actual dejando de lado la mente que intenta prevalecer y causa tanto sufrimiento. Ser capaz de conocer a fondo esa verdad antigua más allá del intelecto consciente es lo que se llama estar en la época de la verdad.

Dao Jing 15 (*Daodejing* 15)

顯德 *Xiǎn dé*

El carácter prominente

que es el carácter de un antiguo practicante del camino

El antiguo, diestro en manejar el camino, era humilde, ingenioso, silencioso y meditativo, y fluía sin obstrucción (con) una profundidad imposible de discernir.

Solo a un maestro incapaz de ser reconocido (como tal) se le trataba por tanto más bien según su aspecto.

Preparado, ¡ah!, como si cruzara un río en invierno;

Quieto, ¡ah!, como si tuviera miedo de cuatro vecinos;

Digno, ¡ah!, como si fuera un huésped;

Expansivo, ¡ah!, como si fuera hielo acumulado que se dispersa;

Genuino, ¡ah!, como si fuera algo en bruto;

Desocupado, ¡ah!, como si estuviera en un dilema;

Tranquilo, ¡ah!, como si fuera un océano;

Un viento en las alturas, ¡ah!, como si no se detuviera.

¿Quién es capaz, mediante eso, de aquietar los a estúpidos e idiotas lentamente?

¿Quién es capaz de usar esa quietud y por tanto engendrar?

Salvaguardando por tanto ese camino, sin desear plenitud, solo el que no está lleno es capaz en consecuencia de ocultar así como completar (la tarea).

Glosa de *El carácter prominente*

El antiguo, diestro en manejar el camino, era humilde, ingenioso, silencioso y meditativo, fluía sin obstrucción con una hondura difícil de detectar. Dado que esa profundidad era difícil de discernir, en realidad al sabio no se le podía reconocer de verdad como tal sabio; en vez de eso, la gente lo juzgaba por su conducta y siempre, claro, desde el punto de vista de la identidad.

Su preparación se interpretaba como temor y su dignidad, como la falsa solemnidad de un huésped que observa las reglas del comportamiento correcto. Su carácter expansivo, es decir, su apertura al enseñar el Dao sin palabras, se veía como una invasión del espacio de los demás y su carácter genuino se tomaba por rudeza primitiva, pues no era sofisticado ni afinado en conformidad con las normas sociales. También su falta de preocupación por las cosas le hacía parecer como si estuviera constantemente confundido e incapaz de actuar bajo el peso de sus dilemas. La gente no se fiaba de su tranquilidad y creía que por debajo se ocultaba la turbulencia de un océano en cuanto se levanta aire, y que no había que fiarse del viento de la montaña sagrada, que nunca se está quieto en el mismo lugar.

La pregunta es: dado que los insensatos invariablemente lo veían de manera errónea, ¿cómo aquietar esa estupidez? Y, además de eso, una vez se hubiera logrado su quietud, ¿quién sería capaz de traer a la luz el Dao natural que alentaba en ellos?

La respuesta es que solo el sabio que salvaguarda el camino del Dao de la unidad de masculino y femenino sin expectativas de plenitud ni de llenarse él mismo, siendo en cambio plenamente natural, podría ocultarles sus verdaderas características para que no sacaran conclusiones erróneas y a la vez completar su tarea de liberar a todos los seres vivos.

Dao Jing 16 (*Daodejing* 16)

歸根 *Guī gēn*

El regreso a la raíz

Sé sumamente devoto (a) la ausencia de contenido, mantén (también) las emociones inmóviles y la sinceridad.

Diez mil cosas brotan a la vez, por tanto contemplamos (su) recuperación.

El hombre y todas las cosas vuelven cada una a su raíz.

Se dice que volver a la raíz es inmóvil; lo inmóvil se llama recuperar los decretos del Cielo.

Se dice que los decretos del Cielo son constantes; a ser consciente de la constancia se le llama entender.

No ser consciente de la constancia es insensato y debe considerarse maligno.

Conocer la constancia es refrenarse, refrenarse es ser justo, ser justo es ser completo, tener compleción es ser celestial, ser celestial es el camino, el camino es de larga duración y elevarse más allá no pone la vida en peligro.

Glosa de *El regreso a la raíz*

Cuando hablamos de ser devoto al mayor grado a la vacuidad de contenido, eso no significa que tengamos que ejercitar nuestro intelecto consciente a cada instante, tomándolo como un consejo filosófico. Quiere decir que cuando los sentidos captan cualquier fenómeno, debemos entender intuitivamente la ilusión que se nos presenta y ver, más allá del intelecto consciente, que no es más que una colección de características generadas por la mente e impuestas sobre ese fenómeno para darle una sustancialidad aparente. Debemos ver cualquier objeto no como algo externo, sino como la ilusión externa de un acontecimiento interno –algo fácil de entender, pero difícil de captar como experiencia. Y debemos guardarnos también de las falsas emociones que puedan surgir y mantener en cambio las emociones sin agitar y la sinceridad.

Sobre la pantalla de nuestra conciencia se proyecta constantemente una masa de fenómenos; a medida que aparecen, la persona que ha guardado bien la verdad del Dao contemplará la recuperación del equilibrio entre la aparente fuerza de la ilusión que pretende ser real y la comprensión segura de que no es más que una ilusión útil. Esa es, por consiguiente, la recuperación del estado natural. En ese caso, uno se ve a sí mismo también como ilusión y todas las experiencias se observan con la función, esencia y forma no discriminada propias de la raíz; pero eso es algo que solo está al alcance de los que van más allá de la unidad de los dos principios.

Se dice que regresar a esta raíz es inmóvil, y lo inmóvil se llama "recuperar las ordenanzas del Cielo", que son constantes. Una vez uno es consciente de esa constancia, es decir, de la "presencia" que hay más allá de la unidad, a eso se le llama comprensión. Habrá quienes entiendan esas ordenanzas pero no estén conscientes de la constancia o presencia, y esa es la raíz de toda necedad, una ceguera que es causa de muchos males. Por eso el texto dice correctamente que conocer la constancia es abstenerse, abstenerse es ser justo, ser justo es ser completo, tener

compleción es ser celestial, ser celestial es el camino y el camino
es de larga duración, y que alzarse más allá no supone peligro
alguno para la vida.

Dao Jing 17 (*Daodejing* 17)

淳風 *Chún fēng*

La conducta pura

Los más grandes estaban arriba, los inferiores sabían que existían; los siguientes estaban emparentados y por eso (la gente) les mostraba respeto reverente; los siguientes eran elogiados y los siguientes, vilipendiados.

La confianza no es suficiente así que (ellos) de nuevo (a su vez) no confían.

Los lejanos, ¡ah!, sus palabras son valiosas.

Un logro se llama un asunto con el que se cumple, las gentes corrientes hablan todas de "nuestras maneras naturales y correctas".

Glosa de *La conducta pura*

No siempre es fácil transmitir la conducta pura a los que vienen detrás; esa es la idea fundamental de este capítulo. Con los grandes maestros ocurre lo mismo, pues con el paso del tiempo los que siguen empiezan a perder la verdad y la fuerza de las enseñanzas. Esa es la razón por la que el Dao y el Dharma de hoy se han vuelto poco menos que insignificantes y se quedan en proclamas vacías o se abandonan ante el consumismo.

Laozi presenta el declive del Dao entre los soberanos y sabios chinos como ejemplo de esta degeneración; pero no es tanto una condena del estado del liderazgo en su época como una advertencia de lo que hay que evitar en la transmisión del Dao. Al principio, los líderes eran tan correctos que ni sus enseñanzas ni su gobierno eran visibles; había una anarquía natural en la que todos actuaban de acuerdo con el Dao. Luego, cuando eso empezó a resquebrajarse, había elogios para los más nobles, aunque al analizar lo que eso implica se ve que la grandeza solo le parece tal a las mentes pequeñas que se han apartado del Dao. La siguiente etapa trajo una separación mayor, en la que había asombro y miedo, lo cual incluye las nociones de culpa y, por supuesto, de castigo. Por último, llegamos a la posición en la que no había ni respeto hacia el Dao y De ni hacia las leyes artificiales de la sociedad que los han desplazado. Ese es el tipo de sociedad en la que vivimos en estos momentos, con una infección de la mente aún más grave.

Una de las claves, por supuesto, es la confianza mutua y eso resulta bastante espinoso, porque la gente en quien no se confía tampoco confía en los demás. Por eso hay que dejar de lado la identidad, para que todos trabajen y vivan en una armonía que no sabe de mejor ni peor, más noble ni menos noble, en la que cada uno actúa exactamente como el Dao le invita a hacerlo. Ese es el remedio; no hay más que uno. Ignora el presente y escucha con atención las palabras de los sabios antiguos (aunque fuesen pocos) que hablaban no solo intelectualmente, pues son muy valiosas. Si se hace así, ningún asunto ni logro será digno de elogio para la identidad y, aunque debe mediar el esfuerzo, la gente podrá hablar de ello como si fuera "nuestra manera natural y correcta en la vida".

Dao Jing 18 (*Daodejing* 18)

俗薄 *Sú bó*

El desdén mundano (del Dao)

Este capítulo aporta poco a la riqueza del Dao y en realidad hay que tomarlo como una extensión del anterior. Así lo entendieron los editores del MWD, que añadieron el carácter 故, *gù*, "caso; ejemplo; razón; causa; antiguo", como vínculo entre los dos capítulos.

El gran camino cayó en desuso y había rectitud humana; surgió una inteligencia cognitiva y había gran falsedad.

Las seis relaciones no eran armoniosas y había piedad filial y benignidad.

El estado y la familia estaban confundidos y en desorden, (pero) había leales hombres de estado.

Glosa de *El desdén mundano (del Dao)*

Este es un resumen de lo que dice el capítulo anterior. El gran camino, es decir, la apertura a la expresión natural del Dao sin control del intelecto, cayó en desuso y como consecuencia surgió la rectitud humana, que no era más que un opio mental para mantener la sociedad.

El auge del conocimiento inteligente trajo consigo un arte del engaño sofisiticado, de manera que hubo gran falsedad. Incluso las seis relaciones de la sociedad confuciana china, de control puramente mental, fallaron porque no había una comprensión profunda de la armonía básica de la Fuerza de la Vida, por mucho que se practicaran la piedad filial y la benevolencia, condicionadas constantemente según parámetros mentales. El estado y las familias en todos sus niveles estaban en total confusión y bajo control de sus impulsos de identidad individual, y los leales hombres de estado, que supuestamente veneraban al Dao, eran sin embargo incapaces de promover su asimilación por parte del pueblo.

Dao Jing 19 (*Daodejing* 19)

還淳 *Huán chún*

El regreso a la pureza

Esta parece la conclusión definitiva de los anteriores capítulos 17 y 18, de manera que podemos tomarlos a los tres como un conjunto.

Elimina lo sagrado y desecha el conocimiento, (y) la gente se beneficiará cien veces.

Elimina lo humanitario y abandona la rectitud, (y) la gente recuperará lo filial y benigno.

Elimina lo astuto y deja atrás el beneficio, (y) no tendrán que existir la apropiación indebida y el daño.

Estos tres, que sirven por tanto como lo formal, no son suficiente.

En consecuencia, marca un lugar para fijar la atención, yendo al encuentro cara a cara con la constitución originaria de las cosas, abrazando lo llano y sencillo, dejando de anhelar el deseo raro.

Glosa de *El regreso a la pureza*

Esta última sección de la serie de tres capítulos ofrece la solución a la necesidad de juntar el principio masculino con el femenino: debemos cortar con lo sagrado porque aferrarse a lo sagrado es un hábito de la identidad, ya que el concepto mismo de "sagrado" es algo mental, alejado de la experiencia de lo sagrado sin cognición mental de ello. En realidad no hay sagrado ni no-sagrado, pues lo único que existe es la verdad y la virtud del Dao natural.

Cuando desechamos el conocimiento, eso no quiere decir que no podamos responder a todo lo que hay alrededor de nosotros; significa que nuestra conciencia interna está disponible y es superior a las formulaciones intelectuales que nos hacemos. La inteligencia y el conocimiento formal tienen su lugar como herramienta, pero si falta esa comprensión profunda que no es conocimiento todo está perdido.

¿Quién se beneficia? Todo el mundo se beneficia. ¿Qué es lo humanitario y recto? No es más que un sustituto mental para los que han perdido contacto con la unión de los principios masculino y femenino; si actúan como recomienda Laozi, recuperarán las relaciones naturales de la Fuerza de la Vida, que el dominio formal solo consigue imitar. Luego, deberíamos cortar los medios hábiles y dejar que lo natural ocupe su espacio; en ese caso no habrá pérdida real, pues las habilidades de este mundo están manchadas todas ellas por el comercio y el orgullo. Si no se dignifican las habilidades mentales, la apropiación indebida dejará de exisitir y la Fuerza de la Vida mantendrá la superviviencia de manera óptima sin interferencia del daño de la identidad.

Aun así, esos tres pasos no son suficientes: debemos fijar correctamente la contemplación para ir más allá de la unión; debemos avanzar hasta encontrarnos cara a cara con la constitución primaria de las cosas en las meditaciones de contemplación, abrazar lo llano y sencillo en la vida diaria sin apegos ni extravagancias y detener por completo la fuerza condicionada de los hábitos de la identidad para que no surja el deseo, ni siquiera en su forma más refinada.

Cuando se regresa a la constitución básica de las cosas (que es la combinación de los principios masculino y femenino, no el estado despertado), mientras eso no se consolide plenamente, la identidad no se elimina y puede volver a surgir, por lo común en forma de un apego a la no-existencia –un deseo raro, sin duda, como lo es la otra alternativa que mencionó Buda, el apego a la existencia. Ambos están muy alejados de los deseos mundanos, pero aun así constituyen un gran impedimento. Uno debe por tanto morar en la vida llana y sencilla, pero sin vivir recluido ni apartado del mundo. Como resultado se detendrá todo anhelo por esos deseos raros y se extinguirá la forma de aprendizaje apegado mundano, lo que eliminará todo sufrimiento y pesar.

Dao Jing 20 (*Daodejing* 20)

異俗 *Yì sú*

Diferente de lo común

Abandona el conocimiento y no tengas aprensión.

"Sí" otorga asentimiento; ¿por qué están levemente separados entre sí?

El bien da el mal; ¿por qué parecen alejados entre sí?

La gente tiene miedo de hecho y es incapaz de no temer.

Sin cultivar, ¡ah, aún no tienen la conclusión!

Las masas son gente próspera, pacífica y feliz como (si) disfrutaran del favor recibido del sacrificio supremo o como si ascendieran a una terraza en primavera.

Solo yo poseo lo tranquilo y callado, ¡ah!, no ha tenido principio, como un bebé que aún no es un niño; cansado y desgastado, ¡ah!, como si no tuviera adónde regresar.

Las masas de gente tienen de sobra en todo, solo yo estoy pisoteado y parezco haberme quedado atrás.

¿Acaso yo que soy un necio no tengo mente también? Los hombres mundanos manifiestan brillantez, solo yo estoy confundido y liado.

Los hombres mundanos examinan e indagan, solo yo soy aburrido y me aíslo de puertas para adentro.

Las masas de gente todas existen por tanto, solo yo soy recalcitrante y además distante.

Solo yo soy diferente de la gente, y valoro el sustento de la Madre.

Glosa de *Diferente de lo común*

No es fácil abandonar el aprendizaje, ya que, al igual que ocurre con el abandono de la idea del "yo", uno no percibe claramente cómo va a manejarse en el presente, y mucho menos en el futuro. Sin embargo, una vez que se consigue, ya no hay aprensión sino una confianza en el sistema natural del De y Dao, aumentada por la mente bien desarrollada, que es una herramienta y no un amo en forma de identidad.

Al examinar ahora las palabras, ¿qué encontramos? Que por un lado proporcionan distinciones sutiles y por el otro, los grandes abismos de la dualidad. La pregunta es si uno y otro son necesarios cuando contamos con un sistema perfectamente natural, capaz de usar la herramienta de la cognición para seguir el camino natural y correcto de la Fuerza de la Vida; la respuesta, por supuesto, es que no. Si analizamos esta increíble habilidad para separar todas las cosas, ponerlas en compartimentos y añadirles etiquetas de "bueno" y "malo", encontramos que la única que sale ganando con todo ello es la identidad. Es posible que esa identidad promueva una supervivencia a corto plazo, con deseo, apego y egoísmo antinatural, pero no le sirve al ser humano ni al mundo en el que vivimos; lo que hace es crear un ser que no tiene una verdadera visión de su lugar entre todas las cosas, en medio del sufrimiento y la destrucción rampantes.

Cargada con esta semilla nefasta, la gente tiene miedo al presente y al futuro y es incapaz de separarse de ese miedo, aferrándose una y otra vez al mismo peso que está tirando de ellos hacia abajo. La razón es evidente: la gente carece de una visión real de la Fuerza de la Vida así como de lo que les puede ocurrir a los seres vivos, y tampoco tiene soluciones. Las masas se comportan de hecho como si gozaran de paz y felicidad durante esos momentos que surgen tan escasamente, pero la mayoría del tiempo están sumidos en la infelicidad de buscar lo que no se puede conseguir.

Los que se apartan del dominio de la mente y entienden la identidad gozan de tranquilidad sin agitación mental; no es un estado que haya que fabricar, pues era nuestro estado originario antes de que la mente manchada separara todas las cosas, dotándoles de aparente existencia individual. Esa mente clara y sin mancha, como un bebé, es nuestra herencia natural. Nosotros en cambio parecemos estar hastiados del mundo y su gloria, y no nos relacionamos con él de forma normal. Todos los demás, en su búsqueda de la felicidad (por lo menos los del mundo moderno que se convencen a sí mismos de que la poseen) parecen vivir en un mundo de excedentes, aunque el mundo que han construido hoy deja tiradas, hambrientas y sin techo a millones de personas.

Laozi plantea la misma pregunta retórica que nos hacemos nosotros y que los demás deberían considerar. Nosotros, los que seguimos correctamente el camino del Dharma, apartando el Dao y Dharma corrupto, ¿acaso no tenemos una mente que sepa distinguir lo correcto de lo incorrecto? Mientras que la gente mundana se implica en la sociedad de consumo del mundo manchado, los que la rechazan parecen estirados y aislados de esta normalidad mundana, tan alabada aunque mediocre en realidad. Cuanto más nos retiramos sin involucrarnos, sin negar la Fuerza de la Vida, menos parecemos existir para ellos y cobramos un aspecto recalcitrante y remoto. Lo cierto, sin embargo, es que hemos dejado que el Dao elija el camino por nosotros y valoramos el sustento del principio femenino (la Madre), que equilibra las maravillas cognitivas de nuestra mente.

Dao Jing 21 (*Daodejing* 21)

虛心 *Xū xīn*

La mente vacía

La apertura de la virtud ella sola permite que se cumpla con el Dao.

El Dao es una cosa tomada por indistinta y escurridiza.

Es escurridiza, ¡ah!, e indistinta, ¡ah!, pero dentro de ella hay forma; es escurridiza, ¡ah!, e indistinta, ¡ah!, pero dentro de ella está la función natural de la Fuerza de la Vida.

Es profunda, ¡ah!, y oscura, ¡ah!, pero dentro de ella hay esencia; la esencia es extremadamente genuina, y dentro de ella está la prueba.

Mirando desde ahora a la antigüedad, su renombre no se ha disipado, en consecuencia examina al Padre de todo.

¿Cómo estamos conscientes por tanto de la condición del Padre de todo? Por esto.

Glosa de *La mente vacía*

En realidad es bastante fácil entender intelectualmente el Dao y De con un pequeño esfuerzo, pero en la práctica es harto difícil. La razón de su dificultad es que pocos se dan cuenta de que la internalización del Dao a un nivel profundo exige que se desarrolle una conciencia y una práctica del De. Eso significa que el ser humano, dejando atrás los conceptos intelectuales del Dao, debe abrir las puertas al principio masculino; y eso requiere primero una comprensión intelectual de la herramienta y luego un desprendimiento del intelecto. Solo entonces se podrá cumplir con el Dao.

Ese Dao se tiene por escurridizo e indistinto, aunque está claro que se puede alcanzar la unión de los principios masculino y femenino. Los que son capaces, dotados de una mente rápida, abierta y flexible, pueden usar la contemplación correcta (que no es sentarse con la mente en blanco) para penetrar directamente en el principio femenino y descubrir así la forma no discriminada de todos los fenómenos y también el proceso de la Fuerza Vital misma, antes de ser transformada por el principio masculino. Y hay un tercer elemento importante en el principio femenino: la esencia, que es genuina, y dentro de la cual encontramos la prueba de su existencia, que demuestra que no es otra ilusión de la mente sino un sustrato básico. Es importante mencionar el énfasis que Laozi pone sobre la esencia aquí, debido a que las contemplaciones principales del Dao se dirigen a la esencia de la Madre.

Si miramos hacia atrás, a los sabios que practicaron las contemplaciones del Dao, descubrimos que no han cambiado, por mucho que estén nubladas por nociones oscuras y necedad, como ocurre en el Dharma Chan; esa locura es algo que se hace patente una vez que entendemos a fondo el principio masculino y su interacción con la cognición.

Si miramos desde ahora al pasado remoto, su renombre nunca ha desaparecido, en consecuencia todos los que quieran ver con claridad deben examinar al Padre de todo, que en realidad es la expresión de todas las cosas con la base natural de la Madre. Ahora no podemos examinar al Padre con la finura requerida para entenderlo de verdad, ni siquiera si hemos logrado una unión preciosa y correcta; sin embargo, los procesos en sí y las relaciones del Padre, el componente activo de la Fuerza de la Vida, se pueden percibir nítida y directamente mediante la contemplación de la función de la Fuerza de la Vida, la forma no discriminada y, por supuesto, la esencia.

Dao Jing 22 (*Daodejing* 22)

益謙 *Yì qiān*

El aumento mediante la humildad

Lo poco conocido entonces está completo, lo torcido está recto, los huecos están llenos, lo gastado está fresco y la necesidad que es natural se alcanza. ¿Qué hay entonces que cause perplejidad?

Al ser un sabio (él) abraza lo uno siendo un ejemplo del mundo.

Al no verse a sí mismo, en consecuencia entiende; al no ser sí mismo, en consecuencia tiene lo evidente; al no "cortar madera de sí mismo", en consecuencia hay logro; al no estimarse a sí mismo, en consecuencia hay excelencia.

Solo estos no tienen esfuerzo; ¿no es esa la razón por la que no hay nadie en el mundo que pueda esforzarse por ellos?

Los antiguos dijeron de hecho: "Lo poco conocido entonces está completo"; ¿cómo puede ser que los vacíos de contenido hablen?

Lo verdadero y completo le revierte en consecuencia a él (el sabio).

Glosa de *El aumento mediante la humildad*

Cuando todo eso se cumple, lo poco conocido se vuelve completo, lo torcido se pone recto, lo hueco se rellena, lo gastado se renueva y la necesidad natural se satisface. ¿Qué más hay que se pueda hacer o que cause perplejidad a la mente humana en sus relaciones con el aparente mundo externo? Nada, desde luego, así que el hombre santo, el sabio, abraza la unidad del Dao así como la unidad de los dos principios y se convierte sin intentarlo en el modelo del mundo.

Como no tiene visión alguna de una identidad, pero puede usar la identidad como ilusión útil, entiende en consecuencia a todas las demás criaturas; como no hay sensación de ser o existir como entidad separada o distinta tiene lo evidente, que es la vida natural sin mancha y la interacción natural, sin mente contaminada ni sufrimiento, con todos los fenómenos.

El sabio no corta la naturaleza de Buda o del Dao en pedazos sino que la mantiene íntegra y por tanto logra todo lo que es natural para su aparente mente y cuerpo en armonía con todos los seres humanos y con el mundo natural circundante que sustenta toda vida. Como no se estima a sí mismo, considerándose separado o distinto de cualquier otro ser, sobresale en las acciones aparentemente individuales, pues es parte del todo en armonía y equilibrio. Uno no se puede esforzar por conseguir esas acciones, ya que cualquier esfuerzo requiere una identidad; uno simplemente debe soltar la mente consciente dominante y todo brotará de por sí.

Los antiguos, que no estaban contaminados por el Dao intelectual, hablaron de "lo poco conocido (y) en consecuencia completo", y quizá nos preguntemos cómo es posible que los vacíos de contenido hablen. Es porque están vacíos de los venenos y las manchas acumuladas por la mente controladora,

pero cuentan en cambio con la presencia del principio masculino
que refleja el principio de la Madre del Dao; en consecuencia, lo
verdadero y completo vuelve a ellos.

Dao Jing 23 (*Daodejing* 23)

虛無 *Xū wú*

La vacuidad y su ausencia

Las palabras infrecuentes son por tanto (propias de) la "talidad". Por eso los vientos que soplan no llegan al final de la mañana, la lluvia repentina no llega hasta el final del día.

¿Qué los gobierna? Cielo y Tierra.

Sin embargo Cielo y Tierra no permiten que duren largo tiempo; ¿cómo lo iba a hacer el hombre?

De ahí que quienes siguen sus asuntos con el Dao como referencia están juntos con el Dao como referencia; (estar) junto a la virtud es estar unido con la virtud como referencia; tener descuido es estar junto con el descuido como referencia.

El que está junto con el Dao como referencia obtiene la alegría del Dao; el que está unido con la virtud como referencia obtiene la alegría de la virtud; el que está junto con el descuido como referencia obtiene la alegría del descuido.

¿Dónde están las pruebas insuficientes, dónde no hay pruebas?

Glosa de *La vacuidad y su ausencia*

"Así por sí mismo" o "talidad" es una expresión que en el Dao y Dharma indica el aprecio de la realidad en un momento único.

Ningún instante es idéntico al anterior ni se puede experimentar de hecho en el momento preciso del tiempo aparente. En ese momento, simplemente reconocemos el sentido como algo sencillo y momentáneo, que sin embargo expresa la totalidad de la Fuerza de la Vida. Es solo al morar con las palabras infrecuentes, empleadas exclusivamente como herramienta de comunicación, como podemos alcanzar este "así por sí mismo".

Todo es momentáneo, tal como lo expresa Laozi: los vientos que soplan, la lluvia repentina. ¿Qué gobierna estas experiencias momentáneas? El Cielo que es el Dao, el sentir las ilusiones del Dao en un *samsara* sano y sin mancha. Pero este Dao poderoso y el *samsara* ilusorio no pueden mantener nada largo tiempo; ¿cuánto puede esperar el hombre retener nada? Aun así, su identidad lo impulsa a mantener la permanencia cuando hay transitoriedad, orden cuando hay caos, sentido cuando no lo hay, existencia cuando hay no-ser y paz cuando hay conflicto natural. Sería bueno que viera que esos impulsos son ilusión, pero el ser humano los busca con su mente manchada y los convierte en reales.

Los que se liberan de ese lastre siguen sus asuntos con referencia al Dao y están juntos con sus procesos naturales. Estar asimismo junto a la virtud es ser virtuoso sin componentes mentales, salvo las herramientas necesarias para ejercer esa virtud; pero si una persona se une al descuido del Dao o del De, entonces establece un vínculo kármico con ese descuido. Unida al Dao, la persona tiene y experimenta la alegría del Dao, que es el bienestar total, no la felicidad mundana. En esa condición, siente alegría cuando los demás están alegres, compasión genuina sin condicionamientos sociales y una benevolencia natural y no artificial. Sin embargo, el que se junta al descuido sufre con la felicidad falsa que engendra deseo, apego y el sufrimiento, convertido en un nefasto regalo que el ser humano se hace a sí mismo.

¿Puede alguien afirmar honradamente que no hay pruebas de ello? ¿Hay, en cualquier elemento de la vida de cualquier lugar, algún extremo donde las pruebas sean insuficientes para demostrarlo?

Dao Jing 24 (*Daodejing* 24)

苦恩 *Kǔ ēn*

Lo doloroso y lo beneficioso

El que se pone de puntillas no descansa en sus propios pies; el que da un paso no anda; el que posee visión de sí mismo no entiende; el que posee ser de sí mismo no manifiesta; el que corta madera de sí mismo no tiene logro; el que tiene estima de sí mismo no sobresale.

Estos también, al estar presentes en el camino, se llaman restos de comida y expresión superflua.

Estas cosas quizá se pueden detestar; por tanto la persona, al tener el Dao, no mora (en el "yo").

Glosa de *Lo doloroso y lo beneficioso*

Cuando uno está en el camino del Dao, debe mantener sus pies bien plantados, no con los tercos pensamientos de la identidad sino con una firmeza que es abierta y flexible. No debería caer en la trampa de hacer planes o crear expectativas que lleven al deseo y apego acompañados de sufrimiento; debería vivir con conciencia del momento presente, usando el Dao y De como interfaz con el mundo aparente del *samsara*. Eso quiere decir asimismo que uno no se arroja a la acción cuando la identidad lo exige, sino que pone al descubierto toda motivación de la identidad y permite que el sistema natural dé las instrucciones usando las herramientas de la cognición.

Si uno anda constantemente con la identidad, viéndose a sí mismo como si fuera el centro del universo, nunca podrá entender; con esta existencia del "yo" no hay sitio para los demás ni para la verdad del Dao, hacia el cual solo se pueden tender puentes desde una base de virtud. Además, cortar la propia naturaleza del Dao en cómodos pedacitos que la identidad luego puede usar o tirar no consigue nada de valor intrínseco en el Dao y estimarse uno mismo no alcanza a rozar la excelencia que el Dao natural le proporciona al ser humano.

Esto es lo que los sabios antiguos tomaron por restos de comida, migajas que caen de la comida nutritiva, y expresión superflua que dice mucho pero añade poco. Tales cosas son un excedente respecto de las necesidades de cualquier ser humano natural –un equipaje que nunca habría que acarrear. Los que sean afortunados y experimenten esta verdad de primera mano quizá lleguen a detestarlas (aunque no en el sentido de la identidad) y, al poseer el Dao, no las harán parte de su vida.

Dao Jing 25 (*Daodejing* 25)

象元 *Xiàng yuán*

La apariencia de lo primero

Había materia, caótica y completa, antes del nacimiento del Cielo y la Tierra.

Desolada, ¡ah!, y vacía, ¡ah!, solitaria y no cambiante, actuando por todas partes pero sin ser peligrosa, ciertamente a fin de ser la Madre del universo.

No somos conscientes de que se haya descrito, su carácter inmutable se dice que es el "Dao", la inmutabilidad se dice que es "*dà*" (lo más antiguo).

Lo más antiguo describe lo que se ha ido, lo que se ha ido describe lo lejano, lo lejano describe darse la vuelta.

Por tanto, el Dao es más antiguo, el Cielo es primogénito, la Tierra es primogénita y el hombre también es primogénito.

Dentro del dominio hay cuatro más antiguos, donde el hombre reside y es uno.

El hombre sigue el patrón de la Tierra, la Tierra sigue el patrón del Cielo, el Cielo sigue el patrón del Dao y el Dao sigue el patrón del camino natural.

Glosa de *La apariencia de lo primero*

La última línea de este capítulo dice que el hombre sigue el patrón de la Tierra, la Tierra sigue el patrón del Cielo, el Cielo sigue el patrón del Dao y el Dao sigue el patrón del camino natural. Pero, ¿qué significa "seguir el modelo"? No es que debamos seguirnos unos a otros, creando un modelo que es idéntico al anterior, sino que cada uno forma un patrón según sus propias características, que encajan en el lugar que les corresponde sin revocar el patrón primario del Dao.

La ciencia nos dice que la materia original era caótica y completa mucho antes del nacimiento del Dao, que con el tiempo produjo el mundo del *samsara* no manchado: las ilusiones de los fenómenos. Desde el punto de vista humano, ese estado era algo desolado y vacío, pues no contenía nada que se pudiera discriminar. Era un todo, igual que nuestra visión conceptual de la energía; estaba en permanente cambio, pero en su totalidad se mantenía inmutable. No creaba nada al producir estos cambios ni tampoco lo destruía; sin embargo, gracias a esa forma cambiante tenía la capacidad de ser la madre del universo –o de todos los universos.

En realidad no tenemos conciencia de que haya una descripción posible del Dao, pero hemos mostrado su carácter inflexible. Lo único que podemos decir es que, al ser eternamente inflexible, se erige como "*dà*", lo más antiguo. Y eso, ¿qué se supone que significa para nosotros? Lo más antiguo es algo de hace mucho tiempo y muy lejano, a lo que se puede regresar sin embargo para hallar la verdad de toda existencia aparente y la armonía y equilibrio naturales.

El Dao es lo más antiguo y del Dao salieron el Dao del Cielo y luego el *samsara* no manchado, que es la Tierra. El ser humano se convirtió entonces en el punto de partida para nosotros, pero en realidad deberíamos colocar ese punto más bien en la aparición de la vida. Al ver esa evolución y entender su significado, una vez hayamos experimentado directamente el principio de la Madre, podemos ver con precisión cómo y por qué el ser humano debe modelarse siguiendo las características del *samsara* no manchado, gobernado por el principio masculino activo y los procesos básicos femeninos que son relevantes a los patrones del Dao del Cielo y del Dao eterno, desconocido e incognoscible en sí.

Dao Jing 26 (*Daodejing* 26)

重德 *Zhóng dé*

El carácter serio

Lo serio es raíz de lo frívolo, lo quieto es soberano de lo agitado.

En consecuencia, el caballero, hasta la medianoche (que señala) el final del día, no se aleja de (su) importante equipaje.

Aunque haya (vistas) exuberantes que mirar, lo deleitoso (lo) maneja elevándose correctamente.

¿Cómo va un señor a hacer uso de diez mil carros y ser de condición mundana no importante?

Los frívolos pierden entonces la raíz, los agitados pierden al soberano.

Glosa de *El carácter serio*

La mente que es seria y quieta es capaz de ver cómo lo frívolo surge de ella y, por supuesto, también las consecuencias de esa frivolidad, en la medida en que su quietud impere sobre la agitación que provoca la identidad. Para ello, no obstante, debe haber una cierta conciencia del Dao y del De, pues ese es el bagaje crítico que ninguna persona que mantenga el principio masculino abandona hasta que acaba el quehacer diario y es tiempo de descanso natural; solo entonces es momento para relajar la conciencia, que tan necesaria es en el *samsara*.

Siempre hay la tentación de apreciar lo hermoso y girarse hacia los encantos del *samsara*, pero la persona versada en el Dao reconoce los síntomas del disfrute mundano y maneja su surgimiento de forma eficiente. No es que desprecie ese disfrute de las ilusiones, pero ve los peligros inherentes en ellas y así toma lo que es correcto y deja lo incorrecto. De todas formas, eso no es algo que la mente mundana pueda determinar de forma fiable; hay que escuchar a las voces homeostáticas internas del Dao.

Laozi plantea una pregunta importante aquí: ¿cómo puede uno manejarse en el caso de poseer riqueza, fama y otros atributos mundanos si a la vez debe mantener y fomentar la separación natural de cualquier manera de aprecio o predicamento mundano? Que no es algo fácil se puede comprobar en miles de maestros que entienden con la mente pero caen en la trampa de regodearse de sus momentos de gloria personal. Los que exigen lo frívolo y viven con ello pierden por completo la raíz del Dao; si persisten en esa conducta y esos pensamientos que agitan la mente, pierden cualquier capacidad de convertirse en soberanos naturales del "no-yo" y de todo lo que les rodea.

Dao Jing 27 (Daodejing 27)

巧用 *Qiǎo yòng*

Usar la oportunidad

El diestro en viajar no tiene que eliminar huellas, el diestro en hablar no tiene tacha ni encuentra falta; el diestro en contar no usa método de recuento.

El diestro en bloquear no tiene pestillos, y sin embargo (lo que está bloqueado) no se puede abrir; el diestro en atar no tiene cuerda para amarrar y sin embargo (lo que está atado) no se puede soltar.

Al ser en consecuencia un sabio, suele ser diestro ayudando a la humanidad, y (esa) es la razón por la que no se abandona la humanidad; el que por lo normal es diestro ayudando a la naturaleza, en consecuencia no tiene que abandonar la naturaleza.

(A esto) se le llama heredar el discernimiento.

En consecuencia el hombre diestro es el maestro del hombre no diestro.

El hombre no diestro se sirve del hombre diestro.

Lo no altamente valorado es su enseñante, lo que no gusta es su medio; solo la sabiduría del gran asombro se llama la sutileza vital.

Glosa de *Usar la oportunidad*

En el mundo del *samsara* manchado, tendemos a entender lo diestro en el sentido de entrenado para realizar alguna tarea, pero en el *samsara* de ilusiones naturales y correctas, aunque haya aprendizaje cognitivo, la mayor parte de la destreza brota de las habilidades naturales de la persona, sin forzar; por tanto, la pesada precaución que se emplea al realizar trabajos en el *samsara* —el estar siempre mirando hacia atrás para evitar los errores— no es necesaria. El diestro en viajar no tiene que borrar sus huellas porque ha viajado correctamente, regido por sus impulsos naturales y correctos; en ese caso, nunca quedan rastros. Es lo mismo en cuanto al decir y al contar para los que de verdad son diestros en esas disciplinas.

De igual manera, el hombre del Dao verdaderamente diestro no está limitado por patrones mentales surgidos de la cognición y por eso realiza sus tareas de manera natural, a menudo empleando medios que la cognición nunca se imaginaría. Hay necios que emplean la mente como si fueran medios hábiles cognitivos, pero los auténticos medios hábiles del maestro son naturales, no estratagemas mentales diseñadas para obtener algún objetivo.

Por eso cuando uno es maestro —aunque nunca haga falta que lo vean como tal ni lo llamen por ese nombre— es diestro para ayudar a todos los seres humanos, no porque use la herramienta de su mente como maestra, sino porque tiene un impulso natural que le lleva a ello. De hecho, lo hace siempre sin darse cuenta de que lo está haciendo y se deleita en la enseñanza; ¿cómo iba a abandonar a nadie? Es imposible. Dado que es uno con toda la vida, es diestro en entender la vida de todos los seres animados y tampoco los puede abandonar. Aunque el mundo quizá sea consciente intelectualmente del peligro de las acciones destructivas del hombre, eso no es más que una apreciación mental. El maestro del Dao siempre está impelido a proteger toda la vida, a menos que su naturaleza exija lo contrario; ese es el motivo por el que el Buda incluso señaló la necesidad de atender a la protección de las plantas en las reglas que estableció para su comunidad o *sangha*. Se ve, por tanto, por qué no se le llama una forma mundana de virtud, sino el "discernimiento heredado" natural. Es algo que hay que comprender de verdad y a fondo.

El hombre diestro es el maestro del hombre no diestro; el hombre no diestro se sirve del hombre diestro. Es así, pero hay que recordar que, en el caso de la persona que aún no es plenamente diestra, es posible que todo lo que su identidad tiene en alta estima se llegue a ver como falso; por eso, todas las cosas que le atraen se convierten en sus maestros. Y a la inversa, hay que examinar todo lo que no le gusta y ver que es igualmente falso, con lo que las cosas que rechaza también se convierten en sus maestros. Esto puede ser motivo de gran perplejidad, pero es fundamental entenderlo bien porque no se debe permitir que se desarrolle dependencia alguna de lo que enseña el maestro; antes bien, hay que mantener activo el constante juicio crítico de carácter introspectivo que en el Dao se llama la "sutileza vital".

Dao Jing 28 (*Daodejing* 28)

反樸 *Fǎn pǔ*

Volver a lo llano y sencillo

Conocer lo masculino y guardar lo femenino es ser un arroyo de montaña que actúa en la tierra.

Al ser un arroyo de montaña en la tierra, su virtud constante no se marcha y (el hombre del Dao) vuelve de nuevo a (ser) un recién nacido.

Al ser consciente de la pureza (blanco) y guardar su desgracia (negro), se convierte en un valle del mundo.

Al convertirse en el valle del mundo, la virtud constante por tanto es suficiente (y él) vuelve de nuevo a lo puro y simple.

Al ser consciente de lo puro y guardar lo oscuro, se convierte en un modelo del mundo.

Al convertirse en un modelo del mundo, la virtud constante no cambia, vuelve de nuevo a no tener polos.

Seguir lo puro y simple suelto se convierte en la herramienta y el sabio la usa, (con lo que) se convierte en el órgano principal del cuerpo.

En consecuencia, la gran sabiduría no se corta.

Glosa de *Volver a lo llano y sencillo*

¿Cuándo se vuelve la persona del Dao como un arroyo de montaña, 溪, *xī,* sobre la tierra? Es cuando destruye por sí mismo toda idea de identidad personal y confía en la fuerza del principio masculino, el filtro activo que vigila todas las actitudes, intenciones y preparación para responder, así como la ideas relativas al futuro. Cuando se consigue eso, se liberan experiencias de alegría por la alegría de los demás, compasión genuina, afecto benevolente hacia todos los seres y un bienestar constante con ecuanimidad. Así es como la persona fluye por los contornos del paisaje del *samsara* igual que un arroyo de montaña.

Cuando sigue fluyendo sin resistencias, su virtud constante, el De, la Fuerza de la Vida natural no intelectual ni expresada en palabras, no se disipa y él vuelve al punto donde la naturaleza del Dao o naturaleza de Buda mora en su mente. Es tan consciente de su potencial de pureza como precavido ante su propia locura potencial de la identidad, que se mantiene en segundo plano esperando una oportunidad para reaparecer y retomar el control. Así pues, no solo se convierte en un arroyo que fluye, sino en el valle a través del cual discurre. Eso quiere decir que la suya es una unión natural entre el principio activo masculino y los programas naturales femeninos pasivos –recordando que eso no significa que esté morando aún con la Madre misma; sin embargo, esa virtud constante es suficiente para la unión y la interacción entre el principio masculino y la cognición.

Su comportamiento regresa entonces a lo llano y sencillo; al seguir en guardia contra sus potenciales deficiencias, sin reproches ni esfuerzo mental, se convierte en un modelo del mundo. Esta condición de ser un modelo para los demás refuerza la constancia y la corrección de su virtud natural; así es capaz de regresar a la comprensión lúcida de los errores de la dualidad, aunque aún no esté libre de ella puesto que todavía no se ha realizado la contemplación del programa base pasivo de la Madre.

Lo llano y sencillo se convierte entonces en el ritmo de la herramienta de la cognición y desplaza por completo a la identidad para convertirse en el órgano principal del cuerpo consciente. Como resultado, la identidad no regresa y la gran sabiduría de la pareja de principios unificados se mantiene intacta y completa.

Es obvio que el sabio es consciente de la gloria de la vía natural, y mantiene su mente con corrección respecto del estado primordial; pero ese conocimiento de la gloria tiene que estar apoyado por su propia humildad. Este estado de conocimiento con equilibrio y armonía le convierte al sabio en el valle. Debe quedar muy claro que el valle del que se habla aquí no es el valle de la Madre al nivel superior de Dao, sino un valle que es consciente de la necesidad de estar constantemente abierto al flujo de las acciones externas del *samsara* y permitir que el agua del *samsara* fluya por él sin cerrarle el paso y sin quedar contaminado. Si el sabio es como el valle, no se desvía de su carácter original de ecuanimidad, así que puede estar siempre lleno y su sabiduría nunca se reduce; por eso, siempre puede volver a la madera virgen.

Entonces, dentro del *samsara*, ¿cuál es la realidad? El sabio, con su ser completamente integrado con la madera virgen, puede usar esta diversidad e incluso las discriminaciones, pero es muy consciente de que todo es ilusión. Así pues, él puede ser un consejero del soberano, porque ni siquiera cuando usa la diversidad y genera discriminación le hace daño a su propia mente y cuerpo aparente, a la mente y cuerpo de cualquier otro ser ni al medio ambiente que sostiene la supervivencia de todo, de manera consistente con el Dao.

Las acciones del sabio también implican cortar ese bloque de madera virgen de la sencillez "totipotencial", solo que, a diferencia de los hombres de no-Dao, esos cortes se hacen con la precisión y delicadeza de un cirujano que opera a un paciente, y no divorcian a los objetos resultantes de su raíz primordial en el bloque, a la que siempre pueden regresar. Pero el punto final de descanso para el ser humano es el regreso a la no-dualidad y la eliminación del poder de la polaridad extrema de los conceptos de su mente.

Dao Jing 29 (*Daodejing* 29)

無為 *Wú wéi*

La acción de la vacuidad

A punto de desear tomar el mundo, aunque (sea) para sí mismo, se percibirá que después no se obtendrá.

El mundo es una herramienta misteriosa, incapaz también de ser fabricada, incapaz también de ser aferrada.

El que fabrica es derrotado, el que se aferra fracasa.

Ser por tanto un sabio de no-acción es la razón por la que no es derrotado, no aferrarse es la razón por la que no fracasa.

Hombres y cosas, algunos prevalecen (sobre ello) y otros (lo) cumplen, algunos (lo) desdeñan y otros (lo) alaban con palabras exageradas, algunos son obstinados (en ello) y otros se lucran (de ello), algunos (lo) llevan y algunos (lo) rebajan.

Al ser por tanto un sabio, está alejado en gran medida, aparte de lo extravagante y aparte de lo excesivo.

Glosa de *La acción de la vacuidad*

En el ser humano manchado existe el deseo de ser importante en el mundo, de ser rico, o de que le admiren o le quieran; pero todas esas ilusiones manchadas tienen su base en la identidad y los que estén alerta verán que son falsas porque no conducen a la obtención de nada que realmente valga la pena. Es difícil verlo en medio de este mundo de deseo, en el que la sociedad vende el sueño de perseguir y alcanzar la felicidad mediante la aplicación industriosa de la mente cognitiva.

El mundo del *samsara* es una herramienta; es importante tenerlo muy claro, porque ese mundo está dentro de la cabeza de cada uno, haciendo de interfaz entre la cognición y los aparentes fenómenos externos. Sin embargo, esa herramienta que es el mundo ilusorio no la puede fabricar la mente, ya que los procesos son heredados, ni tampoco se puede asir, porque es ilusión. El que intenta fabricar y moldear el mundo para que encaje con sus propios deseos siempre acaba derrotado, y los que intentan aferrarse a él, ya sea física o mentalmente, están condenados al fracaso, porque en realidad no existe.

Como el sabio es una persona de no-acción, es decir, que permite la expresión y acción naturales de la Fuerza de la Vida sin interferencia cognitiva, no puede ser derrotado; y como nunca intenta aferrarse a lo que no se puede asir, nunca fracasa.

Los seres humanos son tan necios que algunos intentan prevalecer sobre el *samsara* ilusorio y otros, en su ignorancia cognitiva, simplemente le siguen la corriente, aceptando la indiferencia intelectual con la que responden sus mentes. Algunos desdeñan este mundo y otros, en su locura y sin entenderlo tampoco, lo elogian con palabras exageradas, quizá para hacerles creer a sus semejantes que sí que lo entienden. Algunos son obstinados ante él, es decir, muestran una resistencia insensible a todos los sentimientos tiernos naturales, pero alaban las emociones de la identidad tales como el amor o incluso el odio. Hay otros que se benefician de este mundo, o por lo menos lo aparentan... Algunos pasan de manera ausente, llevando sobre sus espaldas las ilusiones del mundo y su propio sufrimiento como una carga, mientras que otros rebajan el mundo hasta su propio nivel intelectual, sin comprender su belleza intrínseca.

El sabio, no obstante, se mantiene a distancia de todo eso y está apartado en gran medida porque mora con el Dao y actúa con el De, lejos de toda extravagancia de las identidades y de todo lo que resulta excesivo.

Dao Jing 30 (*Daodejing* 30)

儉武 *Jiǎn wǔ*

Los requisitos apropiados para un guerrero

Al usar el Dao para asistir, el maestro no emplea una fuerza inflexible.

Tales asuntos tienen adicción a la venganza.

Las legiones de hecho acamparon en el lugar donde (ahora) crecen las zarzas.

Tras (el paso de) un gran ejército ciertamente hay años de hambruna.

El virtuoso tiene el fruto y nada más, y por tanto no se atreverá a tomar más que aquello por lo que se esfuerza.

Tiene el fruto pero no se estima (a sí mismo); tiene el fruto pero no se jacta; tiene el fruto pero no es arrogante; tiene el fruto pero no es excesivo; tiene el fruto pero no es inflexible.

Las cosas son fuertes y luego se vuelven obsoletas, se dice que no son Dao, y lo que no es Dao pronto llega a su fin.

Glosa de *Los requisitos apropiados para un guerrero*

La naturaleza del Dao es impulsar en todo ser vivo la Fuerza de la Vida natural, que en ausencia de identidad opera de forma bastante automática en pro del bienestar de todos los seres, de manera consistente con su aparente existencia individual. Eso no requiere fuerza física ni mental, ya que el Dao no está en conflicto alguno con el *samsara* no manchado.

Cuando uno emplea la fuerza física o mental suele encontrar resistencia, y en caso de conflicto de la identidad casi siempre le sigue algún tipo de venganza o castigo; en las relaciones entre Estados o individuos, ahí crecen espinas de ira y el silencio del desprecio. Pero entre los que poseen el Dao, que activa el De en las relaciones, no hay idea de recompensas personales y se aprende a aceptar el fruto natural ilusorio de las interacciones, sin desear nada más; cuando hay un éxito uno no infla su autoestima porque el orgullo y la arrogancia son frutos de la identidad.

Así, la persona tiene el fruto de sus acciones naturales de acuerdo con la evolución del Dao, pero como todo depende de los factores aparentemente externos no hay resistencia ni excesivo esfuerzo; solo hay lo natural, sin forma alguna de vanagloria. Cualquiera que emplee la fortaleza mental o la fuerza física verá resultados, pero serán efímeros y considerados como ajenos al Dao, porque su consecuencia es automática: el declive de lo no-Dao.

Dao Jing 31 (*Daodejing* 31)

偃武 *Yǎn wǔ*

La no-resistencia adecuada para un guerrero

El guardián tiene armas excelentes y son herramientas no auspiciosas, objetos que igual desprecia, por tanto al tener el Dao como persona no mora (en ellas).

La persona de carácter noble mora siguiendo la izquierda noble y al usar armas sigue la derecha noble.

Glosa de *La no-resistencia adecuada para un guerrero*

Las armas excelentes del guerrero se deben tener por herramientas no auspiciosas, es decir, contrarias al interés o bienestar de la gente; son por tanto herramientas que el guerrero mismo quizá menosprecie. Si actúa así y además posee el Dao, no les dará un papel relevante en su vida.

Por eso, la persona de carácter noble vive su vida siguiendo al principio femenino pasivo de la izquierda; si es imprescindible empuñar las armas, solo en ese caso sigue al principio masculino activo de la derecha que actúa sin identidad, con alegría por la alegría de los demás, compasión y afecto benevolente.

Sin embargo, hay que extender esta noción de empuñar las

armas a las armas de la mente, que a menudo causan más daño que la espada. Esto es algo especialmente cierto en estos tiempos en que las tecnologías de la comunicación ofrecen la posibilidad de realizar ataques sutiles y no provocados que no se pueden refutar, así como la divulgación de ideas llenas de errores que contaminan.

Es evidente que los ciegos no pueden guiar a los ciegos, por muy bien que utilicen las peligrosas armas de la lengua y la pluma.

Dao Jing 32 (Daodejing 32)

聖德 *Shèng dé*

El sabio de virtud

El Dao eterno es sin nombre, llano y sencillo.

Aunque insignificante, el mundo no tiene quien (sea) capaz de sojuzgarlo.

Si los marqueses y reyes fueran capaces de guardarlo, todos los seres vivos obedecerían a su propia naturaleza.

Cielo y Tierra se unirían el uno con el otro para descargar dulce rocío, no habría nadie que recibiera órdenes y sin embargo (todos) se equilibrarían por sí mismos.

El principio de las reglas fue la existencia de nombres; desde que existen los nombres los humanos han sido también conscientes de la conducta, y ser consciente de la conducta desde luego no es peligroso.

Para dar un ejemplo, el que está en el mundo (es) como si el arroyo de un valle se comparase con el río y el mar.

Glosa de *El sabio de virtud*

El Dao eterno no tiene un nombre llano y sencillo; simplemente se dice que es el "Dao". Es fácil ver y entender que el mundo es insignificante comparado con el Dao y que quien persiga dominarlo no puede someterlo a sus deseos. En cambio, si los que son capaces de gobernar y guiar en el mundo pudieran dirigir correctamente todo lo que es propio del De y el Dao, todos los seres vivos obedecerían a su propia naturaleza y los humanos dejarían de interferir en las vidas de todas las demás criaturas que comparten este planeta. El Dao y el *samsara* se unirían el uno con el otro y estarían en equilibrio y armonía, de manera que aparecería el dulce rocío de todo lo que es natural. A ninguno se le darían órdenes ni mandamientos, sino que al obedecer a su propia naturaleza todos se equilibrarían por sí solos.

Cuando el ser humano empezó a usar las palabras, se facilitó y expandió el funcionamiento de su memoria y su inteligencia, con lo que empezó su dominio del mundo. Nombrar en sí no es un error, sino una herramienta que en su momento le permitió al ser humano ser consciente de su comportamiento en relación con su tribu, su progenie, los seres vivos y el medio ambiente. Eso en sí no suponía peligro alguno; es algo que le habría permitido ver su posición como si fuera la de un riachuelo en comparación con el gran río y el mar inmenso, del cual hasta el arroyo más pequeño forma parte.

Dao Jing 33 (*Daodejing* 33)

辨德 *Biàn dé*

Distinguir el carácter (virtud)

El que es consciente de los hombres tiene conocimiento, el que es consciente de sí mismo entiende.

El que derrota a otros es poderoso, el que se supera a sí mismo es mejor.

El que está contento con su situación (la suficiencia natural) es opulento.

El que hace un esfuerzo al actuar posee voluntad.

Al no perder su lugar asignado, perdura.

El que muere sin perecer es inmortal.

Glosa de *Distinguir el carácter*

El que es consciente de otros hombres es una persona con conocimientos, pero si además de eso es consciente de sí mismo entiende y tiene perspicacia –la capacidad de valorar sagazmente las situaciones o circunstancias y extraer conclusiones sólidas y sensatas sobre todo lo que existe en el *samsara*.

Quien derrota a otros es alguien poderoso, pero el que se derrota a sí mismo es mejor porque es plenamente capaz no solo de ver los impedimentos de su propia identidad sino de apartar sus síntomas, y quizá incluso de vencerla definitivamente.

Quien está satisfecho con su situación de suficiencia natural y no busca más como resultado de sus identidades de confusión, codicia, aversión o anticipación ansiosa es alguien opulento, es decir, rico en términos de la calidad de su vida.

Además, el que se esfuerza al realizar las tareas naturales de su vida, en la que actúa con una potente demostración de su creencia en el Dao, posee la voluntad que incluye intenciones correctas y naturales, persistencia, determinación, calma y paciencia. Al no perder por tanto su lugar asignado por naturaleza en la vida, perdura; y el que es capaz de morir —es decir, perder su identidad del todo— no perecerá porque será una persona inmortal a ojos de toda la humanidad.

Dao Jing 34 (*Daodejing* 34)

任成 *Rèn chéng*

La responsabilidad de cumplir

El gran Dao es expansivo, ¡ah!, es capaz de estar a la izquierda y a la derecha.

Todos los seres vivos dependen de él para crecer así como para no declinar, (y) los logros se completan sin existir.

Al vestir y nutrir a todos los seres vivos sin dependencia, se le puede llamar insignificante.

Y así todos los seres vivos vuelven, pero (el Dao) no actúa como maestro, y se le puede llamar grande.

Como sus fines (del sabio) no son acciones egoístas de grandeza, (esa) es la razón por la que alcanza su grandeza (innata).

Glosa de *La responsabilidad de cumplir*

El Dao que es grande también es expansivo y no cerrado en sus procesos, pues es capaz de presentar tanto sus aspectos pasivos como los activos. El gran Dao es expansivo y capaz de estar tanto a la izquierda como a la derecha, es decir, puede ser pasivo o activo en el *samsara*. Todas las cosas dependen de esta Fuerza de la Vida para crecer y no retroceder en su relación con el Dao, de manera que los logros se completan pero no se ven como tales —no hay conciencia de ser alguien que logre nada. Aunque viste y alimenta a todos los seres sin crear dependencia, al Dao se le puede llamar insignificante puesto que permanece oculto en segundo plano. Así todos los seres, si no hay impedimentos de la identidad, regresan automáticamente al Dao, que sin embargo no actúa como maestro; lo único que hace es guiar. Por ese motivo se le puede llamar el gran Dao.

Dao Jing 35 (*Daodejing* 35)

仁德 *Rén dé*

La humanidad

Al tomar la gran imagen, todo el mundo irá hacia ella.

Ir hacia ella, pero sin calamidad, es la mayor calma.

Con música y pasteles, los huéspedes se quedan demasiado tiempo.

El Dao que viene de la boca es insípido, ¡ah! (las palabras) no tiene(n) sabor, al escucharlas no vale la pena oírlas, al mirarlas no vale la pena verlas, al usarlas no vale la pena completarlas.

Glosa de *La humanidad*

Al tomar la gran imagen del Dao, todo el mundo se siente atraído y va hacia ella, pero eso no significa nada porque la identidad a menudo se siente atraída a lo espiritual como algo que puede poseer. Sin embargo, si uno va hacia ella sin dar pie a esa calamidad de la identidad, solo para entender la verdad en la medida en que sea posible para un ser humano, esa es la mayor calma que se puede conseguir.

Igual que los huéspedes se sienten inclinados a quedarse más allá de lo conveniente si hay música y comida, los adornos externos también provocan una inclinación a agarrar y apegarse al Dao que no es más que algo superficial. Hay que ver la insipidez de las palabras en comparación con la experiencia directa de la unión con los principios masculino y femenino y, para los que son capaces, de la unión con la función, esencia y forma de la Madre que abren la puerta al despertar. Hay que ver que las palabras por sí solas no tienen sabor y que, en presencia de los impedimentos, no merece la pena oírlas ni tampoco verlas cuando están escritas; usar el Dao bajo esas condiciones mentales cognitivas es inútil.

No obstante, hay que usar palabras para comunicar la verdad del De y el Dao, aunque con plena conciencia de lo inadecuadas que son y sin aferrarse a ellas como un fanático intelectual. Hay que mirar detrás de esas palabras, entendiendo siempre la verdadera función de la relación que existe entre cualquier estímulo aparentemente externo y el principio básico de la Fuerza de la Vida.

Dao Jing 36 (*Daodejing* 36)

微明 *Wēi míng*

El crepúsculo

A punto de querer ir a la contracción, ciertamente antes se ha llegado a la expansión; a punto de querer ir a lo débil, ciertamente antes se ha llegado a la fuerza; a punto de querer ir a la abolición, ciertamente antes se ha llegado a la fundación; a punto de querer ir a la obtención, ciertamente antes se ha llegado a la participación; a esto se le llama el discernimiento sutil.

Lo blando y débil es capaz de superar a lo firme y fuerte.

Los peces no pueden marcharse del abismo, los servidores excepcionalmente hábiles del estado no se deberían mostrar al pueblo.

Glosa de *El crepúsculo*

El capítulo arranca con cuatro parejas de opuestos polares que proponen una estrategia indirecta y paradójica para conseguir los aparentes objetivos propios; a eso se refiere el discernimiento sutil. Es sutil porque marcha a contracorriente y se le escapa al entendimiento de las masas. Esto, que también podríamos denominar "la luz oscura" si quisiéramos ser más poéticos, es la misma idea del capítulo 27, cuando dice de las acciones del sabio "a esto se le llama seguir la luz".

El deseo de contraer o disminuir el peso de los excesos condicionados del *samsara* manchado es de importancia capital.

Dao Jing 37 (*Daodejing* 37)

咊顺成 *Hé shùn chéng*

La armonía sin gobierno
o 為政 *Wéi zhèng*, "El ejercicio del gobierno"

El último capítulo del *Dao Jing*, en donde Laozi presenta la idea optimista de que, mediante el Dao, la sencillez innombrada de la naturaleza de Buda rectificará los males del mundo.

El Dao invariable es sin acción, sin embargo nada falta.

Si los marqueses y reyes pudieran defenderlo, todos los seres humanos se transformarían por sí mismos.

Una vez transformados, (si) los deseos surgieran, los suprimiríamos con lo llano y sencillo sin nombre (la sencillez innombrada).

Al suprimirlos con la defensa sin nombre además no tendremos más deseo.

Libres de deseo, usando la quietud, la situación del mundo será recta por sí misma.

Glosa de *La armonía sin gobierno*

El Dao invariable no realiza ninguna acción y, a la vez, no hay nada comprendido en la ley natural que atañe a los seres vivos que no se pueda cumplir. El Dao no es particular y no se preocupa de los intereses individuales del individuo, ni siquiera de los seres humanos, sino de la vida misma.

El mundo está en una condición deplorable y, sin embargo, si los que tienen poder e influencia defendieran el Dao en vez de actuar en contra de él, todos los seres humanos se transformarían a sí mismos; en ese caso, si surgieran deseos debido a la fuerza del hábito, se los suprimiría sin usar la mente cognitiva, mediante la aplicación de la atención llana y sencilla de la naturaleza de Buda o del Dao. Con esa defensa, no aparecerán el deseo y el ansia, se eliminará todo sufrimiento humano y la situación del mundo será de evolución natural, equilibrio y armonía con el Dao.

El Dao es una fuerza natural que no tiene un diseñador inteligente ni control cognitivo, pero podemos decir desde la perspectiva humana que genera una energía inteligente y armoniosa dirigida a un fin aparente: la supervivencia de la vida. Eso no implica necesariamente la vida humana, sino la vida misma. Es algo que ha evolucionado en el ser humano y, en este momento, sus programas son los más avanzados y sofisiticados de los que tenemos noticia. En el ser humano, esos programas conforman una fuerza y dirección que es capaz de equilibrar todas las fuerzas de la vida, en un impulso natural que es precisamente como lo proclama el Antiguo Testamento: ser el señor de toda la vida –pero el señor entendido como guardián y no como dominador, tal como se presenta erróneamente en los textos.

La evolución no es perfecta y por lo general los errores se subsanan con el tiempo, pero en el ser humano la mente manchada ha dado pie a la defensa y protección del aparente individuo en vez del delicado proceso de la vida que comparten todas las criaturas. Esa identidad crea un mundo de ilusión que es más seductor para ella que las ilusiones naturales que presenta el Dao.

Podemos hablar ahora, en este comentario al último capítulo del *Dao Jing*, de los hemisferios izquierdo y derecho del cerebro humano, que hemos llamado cognición y principio femenino pasivo, y del interfaz entre ambos, que denominamos el principio masculino activo. El ser humano está empezando a entender ahora, por medio de la ciencia y la tecnología, lo que los maestros del Dharma y el Dao han sabido durante miles de años: que todo es ilusión. Sin embargo, en vez de extenderse hacia el equilibrio y armonía del Dao, los poderes que guían a la ciencia, lastrados por la identidad como marqueses y reyes modernos, están creando nanotecnología que proporciona tal velocidad de ejecución y capacidad de almacenamiento de información que están abriendo la peligrosa puerta de las experiencias virtuales.

Si se llegan a implantar estos "nano-chips" en el ser humano, las ilusiones naturales del Dao retrocederán aún más atrás con respecto al progreso de la nano-identidad, hasta el punto en que los chips implantados serán capaces de generar una memoria de reserva y crear una realidad que parezca igual de válida que el mundo "real" de ilusiones naturales: un mundo que puede competir con el *samsara* no manchado y ganar de calle.

La ciencia sabe que todo lo que experimentamos es pura ilusión, y que lo único que hace falta para controlar a los seres humanos es presentar otro conjunto de ilusiones que tengan la misma validez. No se trata de que las ilusiones que se puedan crear en el futuro sean falsas, es que se las induce artificialmente y se les da la misma validez como experiencia que las ilusiones que tenemos en el *samsara* manchado. Estos avances son tan elegantes y peligrosos que uno podrá convertirse en otra persona y actuar exactamente como esa persona en todos los aspectos; es más, se creerá que es esa otra persona cuando la ilusión propia se vea sustituida por otra. La clonación será innecesaria si podemos clonar mentes, y eso ya está a la vuelta de la esquina.

A pesar de todo, el Dao no se puede eliminar y los programas originarios y válidos de la Madre pasiva tampoco se pueden destruir en el seno del ser humano. Lo que sí se puede destruir, no obstante, es el conocimiento que abre la puerta a las experiencias directas capaces de reintegrar a los seres humanos en el Dao. A eso es a lo que estamos intentando responder aquí antes de que sea demasiado tarde, protegiendo el conocimiento del Dao natural antes de que el ser humano se convierta en una nano-criatura. La armonía sin gobierno es esencial para ello, pero poco a poco estamos siendo arrastrados a una falsa armonía gobernada por la identidad.

Debemos estar conscientes de que esta alianza con el Dao natural del que nos hemos distanciado solo puede llegar a través de una clara conciencia de lo que es el Dao y de la relación del ser humano con la "madera sin tallar". Uno debe guardar el Dao que tiene dentro, y permitir que ese Dao se transforme en no-acción en el *samsara*. Desde el hábito, los deseos pueden volver a surgir, lo que hay que contrarrestar con un freno constante y con la aplicación de la "madera sin tallar", a la que hay que acercarse sin mente. Uno debe asimismo guardar la sencillez, y entonces todo discurrirá de manera consistente con el Dao.

Laozi nunca habría sido capaz de predecir los nano-chips ni el nivel de degradación del Dao activo, igual que Buda nunca habría podido imaginarse la nano-identidad, pero ambos se dieron cuenta de la degeneración en curso de todo lo que es natural. ¿Hay respuestas? Quién sabe. Pero igual que no todo está perdido, mientras no se haya extinguido la última chispa del Dao y su comprensión, aún hay esperanza humana ilusoria, sin expectativas. Que así sea. ¿Estás cumpliendo con tu parte a la hora de clavar la mariposa? Piénsatelo.

"El Dao da origen a todas las formas, pero en sí no tiene forma. Si intentas fijar una imagen de él en tu mente, lo perderás. Es como clavar una mariposa con un alfiler: se capta la cáscara, pero se pierde el vuelo. ¿Por qué no contentarse con experimentarlo sin más?"

Laozi, *Huahujing*

NOTAS

www.ingramcontent.com/pod-product-compliance
Lightning Source LLC
Chambersburg PA
CBHW031329060726
47590CB00012B/2252